ÉTUDES ET SOUVENIR

SUR

EMILE CLERMONT

15 Août 1880 - 5 Mars 1916

par

Louise CLERMONT - René GILLOUIN

Jean GIRAUDOUX - Guy CHASTEL

Robert TOURNAUD - Jean TENANT

Etienne REY

Bois originaux de Mario GUY

SUIVIS DE

PAGES INÉDITES

D'ÉMILE CLERMONT

LES AMITIÉS, 1, Rue de la Paix, SAINT-ÉTIENNE

Bernard GRASSET, 61, Rue des Saints-Pères, PARIS

1927

ÉTUDES ET SOUVENIRS
SUR
ÉMILE CLERMONT

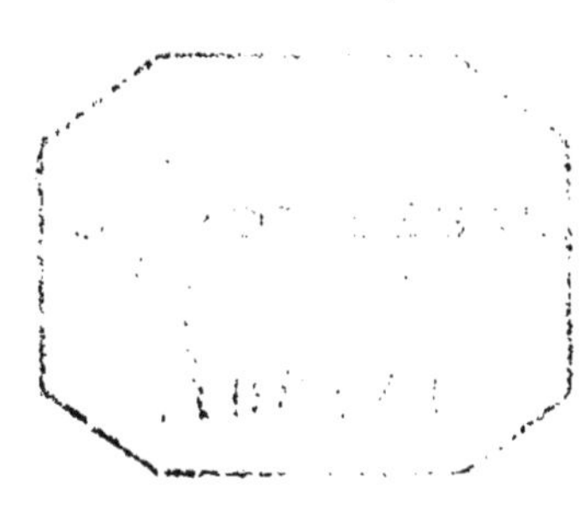

IL A ÉTÉ TIRÉ DE CETTE ÉDITION MILLE
EXEMPLAIRES, SOIT QUATRE EXEMPLAIRES SUR
PAPIER DU JAPON NUMÉROTÉS DE 1 A 4 ;
QUATORZE EXEMPLAIRES SUR ARCHES NUMÉRO-
TÉS DE 5 A 18 ; CENT EXEMPLAIRES SUR INGRES
CHAMOIS NUMÉROTÉS DE 19 A 118 ; HUIT CENT
QUATRE-VINGT-DEUX EXEMPLAIRES SUR PAPIER
BOUFFANT, DONT HUIT CENT CINQUANTE NUMÉ-
ROTÉS DE 119 A 968 ET TRENTE-DEUX EXEMPLAIRES·
HORS COMMERCE NUMÉROTÉS DE 1 A XXXII.

N· 677

ÉTUDES ET SOUVENIRS

SUR

EMILE CLERMONT

15 Août 1880 - 5 Mars 1916

par

Louise CLERMONT - René GILLOUIN

Jean GIRAUDOUX - Guy CHASTEL

Robert TOURNAUD - Jean TENANT

Etienne REY

Bois originaux de Mario GUY

SUIVIS DE

PAGES INÉDITES

D'ÉMILE CLERMONT

LES AMITIÉS, 1, Rue de la Paix, SAINT-ÉTIENNE

Bernard GRASSET, 61, Rue des Saints-Pères, PARIS

1927

A LA MÉMOIRE

D'

EMILE CLERMONT

DE QUI LA SENSIBILITÉ S'ÉVEILLA AU COURS
DE SES ANNÉES D'ADOLESCENCE A SAINT-
ETIENNE ET QUI CONNUT DÈS CE MOMENT
LA RIGUEUR DE L'ESPRIT, QUI VÉCUT PLUS
TARD LE DRAME INTIME DE L'ACCORD ENTRE
LES SENS ET L'INTELLIGENCE, INTERROMPU
TROP TOT PAR UNE MORT GLORIEUSE,

LES AMITIÉS

DÉDIENT CE LIVRE
EN TÉMOIGNAGE DE LEUR ADMIRATION
ET DE LEURS REGRETS

SEPTEMBRE 1927

EMILE CLERMONT

(Souvenirs d'Enfance).

PAR

LOUISE CLERMONT

« On devrait avoir dans un coin de sa mémoire,
toujours prêtes à paraître ainsi qu'un luxe magnifique, écrivait Émile sur son carnet de route, les
plus belles images de sa vie ».

Quelles images lui-même évoquait-il dans les
heures lourdes de la guerre? Nous ne pouvons les
supposer toutes; essayons au moins d'en faire
revivre quelques-unes, les plus anciennes et les
plus douces. Comment douter qu'il les ait souvent
rappelées à sa mémoire, ces chères images de son
enfance, alors qu'il méditait le plan d'un roman, *In
Memoriam*, dont le héros, Maurice, devait avoir
avec lui la plus frappante ressemblance? Mais
pour mieux accorder nos âmes avec la sienne, évo-
quons-le d'abord lui-même dans un de ces misérables abris du front qu'il décrit avec une si tranquille bonne humeur : « Je suis de nouveau dans
la tranchée; j'ai une petite grotte à deux mètres
sous terre dans la craie. On y descend par un esca-

lier impossible ; c'est étroit : de la paille par terre,
un casque percé pour y mettre du charbon de
bois ; une toile de tente déchirée pend sur l'escalier et sert de porte. Rien de luxueux, tu vois ; je
t'écris couché sur ma paille ; inutile de te dire que
je n'ai pas de table ; rien de bien fâcheux du reste,
bonne santé..... (lettre du 20 janvier 1915).

Et maintenant, sa lettre terminée, « Je ne t'écris
plus, ajoute-t-il à la fin de la page suivante, c'est
fatigant dans cette position » il se laisse sans doute
retomber sur « sa » paille ; il médite, il songe au
passé. Il le fait sans amertume « dans notre
enfance, fait-il dire à la sœur de son héros, pas de
tristesse, mais plutôt bonheur spontané », il revit
ce bonheur des premières années, et si, descendant vers son adolescence, il rencontre des deuils
douloureux, leur souvenir est moins cruel que
jadis ; il se sent si proche de ceux qu'il aimait et
que la mort lui a enlevés, si proche parce qu'il
pense qu'il ira bientôt les rejoindre. « Des huit ser-
gents de la Compagnie de dépôt où j'étais à Saint-
Étienne, écrit-il le 27 décembre 1914, il n'y a que
moi qui n'ai pas encore été tué ou blessé ; le sep-
tième a été tué hier matin ». Aucun commentaire
ne suit cette constatation ; il a jugé nécessaire de
prévenir sa famille du danger continuel qu'il
court ; mais il ne s'y attarde pas. Rien de person-

nel ne semble jamais troubler la sérénité de ses
lettres. Évoquons donc nous aussi le passé d'Émile
avec ce calme souriant, cette sorte de détachement
qui nous frappe dans sa physionomie des années
de guerre; nous serons ainsi plus près de lui qui
écrit dans le plan d'*In Memoriam* « chez celle qui
raconte, peu de pathétique, toujours un ton de
sérénité sérieuse, sans tristesse. »

Nous ne parlerons pas du village de la Com-
belle, dans le Puy-de-Dôme, où il naquit le 15 août
1880 et qui ne dut laisser aucun souvenir dans sa
mémoire, ni de celui de Bosmoreau dans la Creuse
où ses parents passèrent ensuite deux années
avant de s'installer à Saint-Étienne. Tout cela est
trop lointain ; à quoi bon tenter d'en retrouver
une image quelconque ?

Mais qu'il dut penser souvent à Saint-Étienne,
pendant les premiers mois de la guerre surtout !
C'était là qu'en août 1914 il avait rejoint son régiment, le 238e; de là qu'en septembre il était parti
pour le front, après une halte d'un jour à Paray-le-
Monial. Les soldats qui l'entouraient devaient
aussi sans cesse réveiller ce souvenir ; il écrit en
parlant d'eux : « Hommes du peuple, mineurs, on
se souviendra qu'à chaque instant on en voyait
sortir un héros ». C'est là du reste que s'écoula
la plus grande partie de sa jeunesse, jusqu'à son

départ pour Paris. Mais voici qu'une hésitation nous arrête ; dans cette âme d'artiste quelle place pouvait occuper le souvenir de Saint-Étienne, de cette ville industrielle, sans passé historique, sans traditions, aux rues banales et sombres ? Émile n'a-t-il pas, dans un de ses romans, exprimé le regret qu'aucune œuvre d'art n'ait abrité ses premiers désirs ? Sans doute le jeune homme, dès qu'il eut un peu voyagé, rêva d'habiter des villes plus anciennes, plus artistiques ou plus élégantes, mais nous pouvons être assurés que dans son enfance il aima beaucoup Saint-Étienne, et que les images estompées qu'il en avait gardées de cette époque avaient pour lui du charme et de la douceur. Car il n'y a pas à Saint-Étienne que des murs noircis ou des monuments sans gloire, et la jolie place Marengo mérite de vivre longuement dans le souvenir; ne sert-elle pas de jardin à la plupart des familles? Les parents d'Émile habitant au commencement de la rue de la Bourse, ils étaient à quelques pas de la place; aussi les enfants y jouaient-ils presque tous les jours en rentrant de classe, et souvent après dîner par les beaux soirs d'été. Les pelouses, les massifs, les pièces d'eau où nagent des cygnes, tout leur paraissait immense et magnifique. Les soirs de fête c'était un bonheur que d'aller regarder les guirlandes de lumière qui contournaient les massifs et se balançaient aux arbres ; un bonheur encore que d'admirer les arceaux de la grande rue qui, se répétant à intervalles réguliers sur des centaines de mètres, formaient dans le lointain, des deux côtés de la place, une voûte lumineuse et profonde.

Puis il y avait pour faire oublier la monotonie de la ville elle-même des excursions dans les environs qui sont fort beaux ; Rochetaillée surtout, avec son barrage et ses cascades, les ravissait ; le Bessat les avait beaucoup intéressés aussi, avec son vaste horizon, et plus encore ses multitudes d'airelles que l'on cueillait par paniers, et la bonne femme du pays qui, ne sachant pas très bien sa grammaire, appelait leur mère : Madame l'Ingénieuse. Quand Émile sut monter à bicyclette il allait souvent avec son frère et quelques amis faire de longues promenades dont il semblait toujours revenir enchanté.

Mais peut-être, lorsqu'il songeait à Saint-Etienne, revoyait-il plus souvent encore l'appartement de la rue de la Bourse, cadre habituel de la vie de famille. C'était un appartement assez spacieux, et très agréable pour des enfants, avec son long corridor où l'on glissait avec tant de plaisir, et ses vastes placards qui offraient de si bonnes cachettes. Il était aussi relativement gai, car la maison opposée n'avait qu'un étage et par dessus son toit notre vue s'étendait jusqu'à la Banque de France ; le soleil, d'un côté du moins, pénétrait donc librement par les fenêtres, et les enfants saluaient parfois de rondes joyeuses ses premiers rayons.

Voici Emile qui revient du lycée, montant tranquillement l'escalier de pierre qui mène au second étage ; il s'arrête parfois, car il n'est pas très robuste et son sac d'écolier lui paraît lourd : son frère François l'a précédé en courant ; il a sonné plusieurs coups dans son impatience, puis, essoufflé et rouge de plaisir, il s'est précipité pour annoncer à ses parents qu' « Emile est premier » ; il l'aime tant qu'il se réjouit de ses succès plus encore que des siens propres. Emile, lui, ne s'est pas pressé ; il est content de la joie de sa famille ; mais s'il en éprouve personnellement, et comment en douter ? il la garde secrète comme ses autres sentiments. Quand il aura goûté il se remettra au travail avec la même application et parfois avec la même lenteur pénible que la veille ; car il est très consciencieux, ne veut rien laisser d'imparfait ou d'inachevé, et, recommençant souvent, se désole de ne pouvoir faire mieux et plus vite. Heureusement sa mère est toujours près de lui pour l'aider, et quelle affectueuse reconnaissance il lui en gardera !

Elle s'efforce d'être chaque jour rentrée de ses visites ou de ses courses vers quatre heures pour que ses enfants ne l'attendent pas et reçoit elle-même le samedi ; si elle doit ce jour-là les négliger un peu, elle pourra le lendemain réparer le temps perdu. Emile lui ressemble, au moral surtout ; il a pour elle une affection très tendre, mais réservée, comme est d'ailleurs celle qu'il en reçoit. Comme elle aussi, il est un peu timide, presque craintif, et cherche volontiers à passer inaperçu. Il note qu'il est plus méditatif qu'elle qui, en effet, agit toujours et s'oublie pour ceux qu'elle aime, tandis que lui, dès l'enfance, se replie sur lui-même et s'absorbe dans ses rêves. A travers la vie, et jusqu'aux périodes où sa sensibilité sera le plus troublée, il ne cessera de garder l'empreinte de cette douce et pure influence à laquelle il devra en grande partie la délicatesse de son style, cette tenue littéraire qui l'éloignera de toute recherche du succès facile, de tout tapage, et lui fera écrire un jour dans ses notes intimes : « Combien vulgaires les natures qui expriment, qui publient, qui communiquent tout ce qu'elles sont, qui ont besoin de dire, qui s'étalent... ».

Emile et ses frères sont d'ailleurs élevés dans le culte de leur mère ; notre père aime à nous faire admirer son intelligence et ses vertus et ne souf-

frirait pas vis-à-vis d'elle le moindre manque d'é-
gards. Mais il est permis de regretter un peu
qu'Emile se soit si complètement soustrait à l'influence de son père, dont la nature riche et ardente, énergique et enthousiaste eût pu communiquer à la sienne plus de virilité, l'arracher à sa
mélancolie et à ses rêves ; c'est précisément ce
que lui ne voulait pas ; aussi pour éviter des
heurts pénibles se referma-t-il en lui-même, ne
laissant rien paraître des premières émotions de sa
sensibilité. Personne ne reçut ses confidences, pas
même son frère François, d'un an plus âgé que
lui, à qui le liait pourtant une vive amitié, mais
dont le tempérament était fort dissemblable du
sien. Il parla moins encore de lui-même à ses
sœurs toutes deux plus jeunes que lui, et à son
frère Didier avec qui, plus tard, à Paris, il devait
avoir des rapports d'une si tendre intimité. La
grande affection qui unissait les cinq enfants entre
eux n'avait donc aucun caractère spécial ; son
charme et sa poésie se retrouvent dans presque
toutes nos familles françaises. S'il s'établit dans
la suite une certaine union d'âmes entre l'aînée de
ses sœurs et lui, rien ne semblait le faire prévoir
dans leur enfance. Peut-être convient-il, pour préciser le caractère de cette amitié, de rappeler briè-
vement en quelle circonstance elle commença.

Emile était déjà depuis plus d'un an à Paris où, au lycée Henri IV, il se préparait à l'Ecole Normale. Sa sœur l'avait vu partir avec regret, peinée déjà de l'éloignement de François. Un jour ses parents la prirent à part, et la prévinrent qu'Emile allait arriver le lendemain, obligé à cause de sa santé de se reposer sans attendre les vacances de Pâques ; ils lui dirent que les médecins étaient très inquiets, que son avenir était compromis, qu'il fallait à tout prix le distraire, et qu'ils comptaient sur elle pour l'arracher à ses préoccupations et le guérir. Gravement ils lui confièrent cette mission qu'elle accepta avec la même gravité. Sans aucun doute ils se fiaient, et avec raison, à la réserve habituelle d'Emile pour l'empêcher de révéler à sa sœur la cause réelle de ce dangereux état : au cours de leurs longues promenades ou de leurs lectures en commun il ne lui fit en effet aucune confidence, mais comment eût-il pu l'empêcher de constater le déséquilibre profond de sa sensibilité qui la remplit d'étonnement et d'un certain effroi. Elle le voyait si différent de l'image qu'elle s'était jusqu'alors faite de lui : elle l'avait cru immuablement posé, calme, complètement maître de tous ses sentiments et, à cause même de cette pondération, il l'avait toujours intimidée un peu. Et voilà qu'elle pressentait en lui un trouble profond et une défaite de la volonté. Dès lors son affection fraternelle, tout en devenant plus chaude, se nuança d'une sorte de compassion. Que de fois, dans les années qui suivirent, elle le vit de nouveau en proie à cette sorte de désarroi moral que mille indices trahissaient : le son de la voix, les gestes, jusqu'à la couleur plus sombre des yeux. Jamais elle ne le questionna, et jamais Emile ne fit devant elle la moindre allusion aux sentiments qui le bouleversaient ; elle se contentait comme autrefois de lui proposer une étude à entreprendre ou une promenade à faire ; et quelquefois c'étaient des après-midis entières qu'ils passaient tous les deux à traduire un ouvrage anglais ou italien. « Que tout reste bien vu par une jeune fille, écrit Emile dans le plan d'*In Memoriam*, ou entrevu par elle ». Il savait très bien que sa sœur n'avait fait qu'entrevoir les crises de sa sensibilité. Mais d'autre part comment s'étonner que, malgré le désir qu'il en éprouvait souvent, et qu'il ne laissait pas de lui exprimer, parfois avec une sorte de violence, elle ait refusé complètement de recevoir de sa part une direction morale quelconque ? Dans ces voies dangereuses de l'analyse de soi-même et du dilettantisme où il s'était engagé, elle sentait qu'il eût été un guide peu sûr, et elle se garda de son influence. Ce ne fut pas

MONTAIGU-LE-BLIN
(la maison familiale)

sans souffrance des deux côtés; « Nous étions bien loin l'un de l'autre, fait-il dire à la sœur de son héros .... plus tard il me revint ».

Quand parut *Amour Promis*, non seulement il ne le lui offrit pas, mais il la pria même, de la part de Didier et de la sienne, de ne pas le lire, de crainte que cette lecture n'augmentât l'opinion peu favorable qu'elle semblait avoir déjà de tous les deux. La requête lui parut sage, et elle n'eut pas la curiosité de passer outre.

Une éducation un peu grave, sinon austère, avait contribué d'ailleurs à enlever aux rapports des enfants entre eux toute apparence de familiarité ; ils étaient habitués à se traiter avec une grande politesse qui prenait un caractère spécial, presque chevaleresque, dans l'attitude des frères vis-à-vis de leurs sœurs. La même tenue était exigée dans les conversations; aucun mot d'argot, aucune plaisanterie vulgaire n'était tolérée à table. Emile, à mesure qu'il grandit, devint à son tour un censeur sévère de tout ce qui se disait devant lui ; chaque faute de français était impitoyablement relevée ; une naïveté, ou, au contraire, une parole recherchée ou frisant le pédantisme provoquait une petite remarque nette et sèche qui portait toujours juste. Bien entendu, lui non plus ne souf-

frait pas l'argot, et ses sœurs ne se seraient pas
risquées deux fois à répéter en sa présence les plus
anodins des termes de ce genre employés couramment par leurs amies. Bien souvent, ses critiques
mordantes blessèrent profondément ceux ou celles
qui en furent les victimes. Peut-être était-il poussé
à les faire par un besoin impérieux d'ordre et de
vérité, puisque nous trouvons encore dans *In
Memoriam* cette réflexion de la sœur de son héros :
« Attentif, et souffrant dès que quelque chose
n'était plus parfait chez tous, mais aussi chez
moi ». Oui, sans doute, il avait besoin de vérité et
de perfection, mais nous ne pouvons pas oublier
qu'il y avait aussi en lui un penchant à la raillerie
qui se développa peu à peu. Il excellait non seulement à découvrir et à montrer en quelques mots
le ridicule d'une phrase ou d'une situation, mais
encore à faire subir, en les racontant, à des phrases
ou à des situations très simples, cette légère dévia-
tion qui suffit à les rendre plaisantes. La tentation
était grande pour lui de se livrer à ce qui lui semblait sans doute un innocent jeu d'esprit ; il y
succomba maintes fois, déconcertant par ces
petites trahisons ceux qui l'aimaient le plus, et s'en
faisant craindre. Son étonnement et son regret
étaient sincères lorsqu'il s'apercevait ensuite que
son attitude brusquement indifférente, ou quelques

remarques mordantes avaient causé de réelles
souffrances. « Les rapports que j'ai avec tout le
monde, écrivait-il dans une lettre du 17 août 1903,
ne sont guère pour moi que des froissements per-
pétuels. Quelle misère d'avoir à se retourner et de
voir que l'on est pour les autres ce que les autres
sont pour vous !... » Et il ajoutait un peu plus
bas. « Je m'ôterais volontiers la puissance de faire
quoi que ce soit pour être sûr de ne pas faire mal
et de ne pas mal faire ».

Pendant la guerre toutefois, avec tant d'autres
parures vaines de son esprit, cette causticité devait
disparaître, pour laisser s'épanouir plus délicate
et plus tendre que jamais la douce sensibilité de
son enfance. Plus d'ironie alors, plus même de
badinage léger ; on ne sent dans toutes ses lettres
qu'un immense besoin d'affection, et de communion d'âme étroite avec ceux qu'il aime. C'était
bien son cœur d'enfant que l'on retrouvait, le
cœur de cet enfant doux et sage qui redoutait par
dessus tout de causer la moindre peine à ses
parents. J'ai sous les yeux une lettre de son père
qui parle de lui. Emile avait huit ans et venait
d'être gravement malade d'une fièvre muqueuse.
Son père envoyait de ses nouvelles : « Emile va
bien mieux et pourra bientôt te répondre, mais il
ne mange pas beaucoup encore et les forces ne

viennent pas vite ... Nous ne pensons pas que notre petit Emile puisse partir d'ici avant la fin du mois ; il faut qu'il soit assez fort pour qu'il n'y ait aucun danger. Il est bien sage, il ne mange que ce que sa maman lui dit, et ne fait pas la grimace. » Emile lui-même termine cette lettre : « C'est aujourd'hui samedi, ce matin j'ai fait ma toilette pour aller dans le salon avec maman recevoir les visites ... Dans la lettre que tu m'as écrite tu me parlais des tartes de bonne maman ; ça me faisait venir l'eau à la bouche, et je me suis bien promis que dans peu de temps je pourrais en prendre aussi ma part ». Cruelle petite sœur qui lui avait parlé imprudemment des bonnes tartes qu'elle mangeait, alors qu'il était soumis à un régime rigoureux ; pardonnons-lui car elle n'avait que six ans ; mais remarquons la tranquillité des regrets d'Emile ; elle est bien proche de la sérénité avec laquelle il parlera plus tard de son abri dans les tranchées.

Emile ne fait pas de bruit, ne dérange rien et, obéissant et travailleur, n'est jamais grondé. Ses parents sont fiers de lui et disent parfois en riant qu'il deviendra « un vieux savant » tout absorbé par ses livres et ses recherches. Il prend pourtant part à tous les jeux de famille, et semble s'amuser autant que ses frères et sœurs au loto et au nain jaune; il ira ensuite volontiers dans les réunions, apprendra à danser et à jouer la comédie, toujours en compagnie de son frère François, mais conservera en toute circonstance un air de gravité. On s'étonne autour de lui quand il est franchement gai, dès qu'il a atteint l'adolescence.

Il n'est pas douteux du reste qu'il souffrit déjà à cette époque, malgré son extérieur paisible, des premiers tourments d'une sensibilité trop aiguë. Joignons-y la révolte sourde et continuelle de son précoce individualisme contre les manières de penser et de sentir qu'on essayait de lui imposer. Le héros d'un de ses romans rappelle un jour les sages conseils que lui donnait jadis son père; puis il ajoute cette phrase, écho fidèle, n'en doutons pas, des propres souvenirs d'Emile : « Je ne répondais point, mais déjà combien j'étais froissé intimement par de telles paroles ! On doit aimer ceci et non cela ; on doit avoir tels sentiments et non tels autres : est-ce que ces mots ont seulement un sens ? Je me promettais d'y réfléchir plus tard ... ».

Il ne tint que trop cette résolution et nous en retrouvons des traces jusque dans le plan de l'ouvrage de philosophie qu'il se proposait d'écrire peu avant la guerre. Son but était de « projeter de la clarté » dans tous les domaines de la connaissance — et d'étudier en particulier les fondements de la morale. Cette étude « dangereuse », il l'avoue lui-même, lui fut inspirée sans doute par un besoin de probité intellectuelle, mais ayons le courage d'y voir aussi un désir de revanche, et qui plus est, ne craignons pas de trouver ce désir, sinon légitime, du moins excusable. Imaginons de nouveau cet enfant sage, qui se plie sans peine à tous les ordres qu'on lui donne, et qui, redoutant le moindre contact un peu rude, évite autant qu'il lui est possible d'être repris ou blessé ; cet enfant sage et tranquille porte pourtant dans son cœur une foule d'aspirations et de besoins que personne autour de lui ne comprend, ni ne cherche à comprendre. Si par hasard ses parents en devinent quelque chose, il voit aussitôt leur tendresse s'inquiéter, il les voit unir leurs efforts pour tenter de l'arracher à ses tristesses excessives ou à ses désirs, aussi violents qu'ils sont vagues, par un contact plus direct avec le monde réel ; mais ces vertus de famille, ce bonheur simple qu'ils lui proposent comme l'unique remède possible au malaise qu'il éprouve, lui apparaissent d'autant moins enviables qu'ils lui sont plus fortement conseillés ; et une sorte de réaction douloureuse s'établit en lui à l'état latent contre des conceptions de la vie qui lui semblent bonnes sans doute,

MONTAIGU-LE-BLIN

mais incapables de le satisfaire. Retrouvons-le vingt ans plus tard ; il paraît toujours aussi modeste et aussi calme ; mais l'accord ne s'est pas fait entre ses aspirations profondes et l'existence qu'il mène ; de plus, il s'est vu parfois incompris ou blâmé au nom d'une morale qu'il juge étroite et sans grandeur réelle, de cette morale laïque dont les doctrines lui semblent « d'un creux invraisemblable » ; aussi projette-t-il d'en ébranler les fondements, de briser tous ces cadres désuets. — Ses parents auraient-ils pu faire mieux?... leur tâche était difficile, et la seule chose que nous soyons en droit d'affirmer, c'est qu'ils n'ont jamais eu en vue que le bien d'Emile. Mais, à cette âme trop tôt tourmentée pour qui l'ascétisme eût été plus facile encore que la modération, les conseils de la sagesse ne pouvaient suffire ; il eût fallu à ces aspirations qui se trouvaient à l'étroit dans la vie quotidienne un objet aussi vaste qu'elles-mêmes, il eût fallu à cette nature vibrante et riche de désirs illimités un contact avec l'infini, et ce contact lui a manqué. Dans un jour de détresse il s'écriera : « Faudra-t-il donc se garder de l'infini ? » De tous côtés c'était le conseil qu'il avait reçu. Il en était resté, nous avoue-t-il « précis, sceptique, analysant » ... « habitué à la méfiance ». Les deux sommets qui l'attiraient, l'héroïsme et la sainteté, lui paraissaient par là-même être devenus à jamais inaccessibles pour lui ; il en gémissait sans vouloir rabaisser son idéal, et ne souffrait pas qu'on lui offrît, en échange des splendeurs perdues, les observances routinières et sans élan d'une morale toute terrestre.

Qu'était-il donc dans son enfance au point de vue religieux ? Il nous dit lui-même dans une note intime qu'il était croyant à l'époque de sa première communion, mais très ignorant et qu'à treize ou quatorze ans il ne l'était plus. Il cessa en effet de s'approcher des sacrements avant même de quitter Saint-Etienne, et il n'y a guère lieu de s'en étonner malgré ce besoin d'infini dont il souffrira tant dans la suite. Chez ses maîtres il n'avait rencontré qu'indifférence ou scepticisme, et dans sa famille la religion qui lui avait été apprise n'avait pu parler à son âme ; ses parents n'en vivaient pas assez eux-mêmes pour la lui communiquer avec la conviction ardente qui seule eût pu le toucher. Elle n'atteignit pas les régions profondes de sa sensibilité et de son intelligence, et c'est pourquoi la foi s'éteignit si vite en lui. Il devait le regretter plus tard, et avec quels accents de détresse : « Avoir cru une fois, une fois dans sa vie seulement, écrit-il en 1913, au voisinage du royaume ! ... » et encore « ces beaux jardins me sont fermés, je n'y fus jamais nitroduit ». Pour ceux qui l'aiment, les notes qu'il écrivit après la mort de son frère Didier sont d'une lecture poignante ; il cherche une consolation qu'il ne rencontre nulle part et se demande pourquoi il n'est pas chrétien. « Et toujours, toujours, l'on revient triste de ces lointains ». Que n'a-t-il du moins révélé cette angoisse qui le tortura si longuement ? Mais passons vite ; nous ne parlons ici que de son enfance, et nous avions résolu de le faire sans larmes. Evoquons plutôt, avant de nous éloigner de Saint-Etienne, le souvenir si doux pour Emile de la seconde de ses sœurs qui y était née un 8 décembre, jour très cher à la piété dans toute la région lyonnaise. Elle avait dix ans de moins que lui et l'enchantait par ses réflexions ; il en parlait dans toutes ses lettres et nota plus tard quelques traits de son enfance. Elle fut jusqu'au bout pour lui la chère petite sœur qu'on ne mentionne qu'avec tendresse et qu'on voudrait toujours gâter. N'oublions pas non plus qu'il se fit à Saint-Etienne des amitiés agréables et solides, que les premiers mois de la guerre resserrèrent encore.

Mais quittons maintenant la ville noire pour aller demander à Montaigu de plus riantes images. C'est là, dans la maison de nos grands parents maternels, que se passèrent toutes nos vacances. Et plus

tard même Emile ne laissa jamais s'écouler d'année
sans y revenir plusieurs fois. Quand il fut libre, il
fit de longs séjours près de la tante très aimée qui
lui remplaçait sa mère ; c'est chez elle que la décla-
ration de guerre le surprit ; il trouvait là « une société qui plaît et qui est toujours prête ». Chaque fois
qu'il parle d'elle et de Montaigu, c'est avec un sentiment de joie et de détente. « Revenu à Montaigu
après six mois d'absence. Avec plaisir — belles jour-
nées de juin très chaudes, très lentes, très pacifi-
ques. — Arrivée avant-hier samedi à 7 heures, venu
à bicyclette de Varennes, bel accueil du soir par les
campagnes muettes ». Les souvenirs de son enfance
devaient donc, lorsqu'il pensait à Montaigu, se
mêler à des souvenirs plus récents ; mais, puisqu'il
en est de même pour nous, ne nous arrêtons pas à
cette impossibilité de distinguer nettement entre
les deux groupes d'images.

Montaigu-le-Blin est un petit village bourbonnais situé dans la vallée de l'Allier entre Moulins
et Vichy. Village paisible, sans histoire lui non
plus, sans souvenirs héroïques ou légendaires,
mais qui accueille avec une telle grâce reposante
qu'on rêve toujours d'y revenir. Les restes d'un
château-fort le dominent, mais n'éveillent aucune
curiosité ; elles ne semblent posées là que pour
ajouter au riant paysage une note de pittoresque.

Le pays est fertile et boisé ; son sol est riche ; c'est
une terre à blé, la « forte terre » comme on dit là-
bas ; argileuse et grasse elle s'attache à vos pieds
comme pour vous retenir, vous fixer à jamais ; ce
n'est pas sans efforts que vous lui échapperez si
vous avez eu la malencontreuse fantaisie de vous
aventurer après la pluie dans un champ labouré.
Aussi des bœufs seuls peuvent la travailler ; de
beaux couples de bœufs blancs qui font des taches
claires sur les vastes étendues rugueuses et brunes.
Leur allure paisible semble donner son rythme à
toute l'existence du village ; là-bas jamais d'agitation, ni d'empressement. La vie est laborieuse toutefois, si elle est large et facile ; et les jeunes filles qui,
le dimanche ou pour les processions de Sainte
Anne et de la Bonne Dame d'août, portent de si
pimpantes toilettes, ont toute la semaine peiné dans
les champs. Village plus lent que d'autres à rompre avec les traditions du passé, avec de longues
habitudes de vie chrétienne et de vertus familiales,
mais qui pourtant ne fournit jamais de vocation ecclésiatique ou religieuse ; tout y est calme et
mesuré, équilibré et positif, paré d'affabilité et de
grâce, mais sans élan, sans aspiration vers une
destinée plus austère et plus haute. « Point d'élévation, point de grandeur, écrit Emile d'un paysage
semblable, mais un sourire perpétuel. »

Le village lui-même est formé d'une belle place plantée d'ormeaux autour de laquelle se dressent de petits mamelons boisés, des « montagnes » comme on les désigne couramment. Cette place est certainement une des plus jolies des environs et les habitants en sont fiers. Quelques charmantes demeures la bordent ; une route la coupe en son milieu. Au bord de cette route se dresse maintenant le monument aux héros de la guerre ; et les deux frères, le vivant et le disparu, y mêlent leur souvenir ; l'aîné, l'architecte qui a signé son œuvre, Emile qui figure sur la liste des morts.

Si nous voulons suivre Emile jusqu'à la maison de ses grands parents, prenons le chemin qui, après avoir contourné la place, monte vers l'église que nous dépasserons. Nous pourrons toutefois nous arrêter un moment devant la grande porte car la courte distance qui nous reste à franchir n'est pas la moins pénible. Aussi de larges pierres entourent-elles le marronnier centenaire qui nous abrite ; c'est là que s'asseyent les mendiants, les « roulants » ou les « voyageurs » comme on les appelle, s'ils sentent le besoin de reprendre des forces avant d'aller quêter dans les dernières maisons du village, car le village s'arrête là, à quelques mètres, clos par la chère demeure qui se dressent maintenant devant nous, accueillante et familière. Un

MONTAIGU-LE-BLIN
(l'Église)

chemin la longe sans doute, un sentier rude et pierreux, la rue des Rameaux, où les herbes poussent à leur guise, mais il conduit seulement à des « terres » là-haut, et n'est fréquenté que par de rares connaisseurs en quête de jolis points de vue ; une fois par an, le jour des Rameaux, une procession le gravit péniblement pour se rendre jusqu'à la vieille croix de bois plantée au milieu d'une haie, puis on l'abandonne à sa solitude. Et lorsque, de l'église, nous regardons la maison, il nous est permis de croire qu'il n'y a plus rien derrière elle que les arbres et le ciel. C'est un type caractéristique des vieilles maisons bourbonnaises avec son haut toit mansardé qui l'encapuchonne et dont les tuiles anciennes ont une teinte à la fois douce et chaude.

Pour y arriver, montons quatre marches de pierre, bordées de roses de Bengale, de sapins et de lierre et traversons la petite cour sablée où nous avons tant joué dans notre enfance ; voici le perron, voici la porte de bois avec ses gracieuses moulures et son marteau massif ; du lierre l'encadre qui s'étale ensuite complaisamment sous les fenêtres du rez-de-chaussée ; un rosier grimpe au mur. N'entrons pas dans la maison, trop de souvenirs nous y guettent et nous risquerions de nous y attarder ; dirigeons-nous plutôt vers le jardin, vers la « montagne », le lieu de nos délices, le paradis terrestre de nos âmes d'enfants. Nous pouvons, pour gravir cette colline à laquelle s'adosse la maison, choisir entre deux voies fort différentes ; l'une, c'est la grande allée verte dont la courbe lente et molle nous conduira sans peine jusqu'au sommet ; l'autre, ce sont les étroits sentiers qui montent en zig-zag sous les vieux chênes, le long de la pente moussue que bleuissent des pervenches.

En prenant l'allée verte nous aurons à main gauche le potager que dissimule une haie. N'est-ce pas là qu'Emile tout petit mangeait un jour des fraises ? De temps à autre il interrompait sa cueillette pour se répéter gravement à lui-même, à demi-voix, la consigne reçue. « Il ne faudra pas manger toutes les fraises, Emile, il faudra en laisser pour le déjeuner » ; puis, la conscience tranquillisée par cette preuve évidente de sa bonne volonté, il se baissait de nouveaux vers les fruits tentateurs. Et la légende ne dit pas combien, finalement, il resta de fraises pour le déjeuner.

Ensuite c'est la charmille où l'on cherche un abri dans les jours de grand soleil ; à partir de là nous verrons à découvert les bandes de prés et de terres labourées qui nous séparent du cimetière ; d'un peu plus haut nos regards y plongeront.

Ce facile chemin, c'est celui des grandes personnes. Emile et ses frères, en général, le dédai-

gnent ; et les voici, à peine arrivés à Montaigu, qui
se précipitent dans les « petites allées » et rem-
plissent la « montagne » de cris joyeux. Mais ils
ont oublié une lumière pour pénétrer dans la grotte
qu'ils veulent revoir sans tarder ; et vite on retourne
en chercher une à la maison avec la clef de la tourelle. Car un des enchantements de notre jeunesse
c'est cette grotte creusée dans la roche calcaire de
la montagne, une belle grotte spacieuse où se dresse,
taillée elle aussi dans la pierre, une scène de théâtre
entourée de ses loges ; et parfois, bonheurs inou-
bliables pour des enfants, tous les recoins nous en
apparaissent à la lueur rouge des feux de Bengale.
Puis, là-haut, c'est la tourelle qui s'accroche à la
colline ; elle renferme une table et des chaises, c'est
l'asile des jours de pluie et de sa fenêtre la vue
s'étend très loin, sur le village noyé dans sa verdure, le vieux château qui se dresse sur un monti-
cule opposé, puis la plaine qui répète ses champs
et ses bois jusqu'au lit de la Besbre ; un cordon
de hauteurs ferme l'horizon. Images du passé,
combien vous semblez proches ! si vous conservez,
malgré tant de deuils, tout votre éclat charmant,
c'est qu'il flotte encore dans la « montagne » quelque
chose de la tendresse d'autrefois. Les souvenirs de
plusieurs générations, en s'y mêlant, s'y pacifient.

C'est dans la petite cour que se passent les lon-

gues soirées du mois d'août avec leurs pluies d'é-
toile filantes. Le grand-père raconte des histoires ;
et les enfants s'attendrissent aux malheurs de
Joseph tant pleuré par le patriarche ou rient de bon
cœur aux aventures merveilleuses d'Ulysse et de
Polyphème. A travers les sapins ils voient briller
la lampe de l'église ; et cette lueur leur est si familière qu'elle leur manque lorsque par hasard elle
est à peine visible. Un soir, Emile s'aperçoit qu'une
de ses sœurs regarde longuement dans cette direction ; sans la questionner il se penche vers elle et
lui dit doucement. « Ne t'inquiète pas ; la lampe
n'est pas éteinte ; c'est l'éclat de la lune qui t'em-
pêche de la distinguer; prends ma place, tu vas la
voir ». Elle leur est chère aussi la vieille petite église
où se firent presque tous les baptêmes. Que de fois,
plus tard, Emile y souffrira cruellement pendant
des cérémonies funèbres au cours desquelles il
enviera ses sœurs d'avoir pu pleurer. Car ses parents
et son frère Didier reposent dans le cimetière du
village. Mais lui pourtant n'y est pas. Deux jours
après sa mort glorieuse en Champagne, sa compagnie descendant à Suippes y transporta son corps
qui fut enterré, après un service religieux, dans le
cimetière militaire de la ville. La guerre terminée,
les siens, ayant reçu l'assurance que ses restes ne
seraient pas changés de place, ont préféré le laisser

dormir là-bas au milieu de ses frères d'armes. Toutefois, quand, à l'église de Montaigu, ses tantes ou ses sœurs s'agenouillent dans le banc de famille, leur regard va se fixer sur la plaque de marbre où son nom est inscrit parmi tant d'autres, et leur prière confiante demande au Christ, dont il portait l'image sur lui au moment de sa mort, de lui donner dans leur plénitude cette lumière et cette paix qu'il a si douloureusement cherchées.

Avril-mai 1927.

EMILE CLERMONT

PAR

ETIENNE REY

4

Nous étions en guerre, alors on a dit : « C'est
une belle fin ! » Sans doute, mais ce fut surtout
une grande perte. Et quelle tristesse d'avoir permis la mort, même glorieuse, d'un être aussi
admirablement doué ! Qu'au début, nous ayons
voulu envoyer aux frontières tous les Français
sans exception, c'est très bien. Mais si noble qu'ap-
paraisse cette loi d'égalité, elle n'a été, au fond,
ni très juste, ni très utile. Il est tout de même des
vies qui valent plus que d'autres, des vies qu'il
aurait fallu sauver à tout prix, et qui eussent été,
après la paix, l'orgueil de la France. Émile Clermont, plus que tout autre, aurait dû être épargné,
parce qu'il était un des espoirs de l'élite française,
et qu'il serait devenu, non seulement un grand
écrivain, mais aussi une très haute force morale.

J'ai été son ami pendant des années. Mais l'amitié n'est pour rien dans ce langage. Sans doute,
lorsqu'on pleure un ami, on se sent porté à agran-

dir l'importance de sa perte, et à embellir l'avenir qui l'attendait. Des jeunes gens se sont fait tuer noblement, dans cette guerre, qui n'eussent peut-être pas tenu toutes leurs promesses, et dont la mort dépasse la vie. Mais il n'en est pas ainsi de Cler-mont. Il avait déjà beaucoup donné ; il était à la veille de donner bien davantage, et les immenses regrets qu'il a laissés après lui, sont moins les marques d'une pieuse affection que le sentiment exact d'un grave amoindrissement pour les lettres et l'esprit français.

Ce n'est point seulement l'auteur de *Laure* et d'*Amour promis*, dont il faut continuer à porter le deuil. Ces deux livres, si beaux qu'ils soient, ne peuvent donner de lui et de son talent qu'une idée incomplète. Il les dépassait de beaucoup. Ils ne sont qu'une des étapes de sa formation intellec-tuelle et morale. Ils ne représentent qu'une des avenues royales ouvertes à une intelligence assez souple pour s'orienter dans les directions les plus variées, et assez forte pour aller partout très loin. Ils ne seront pas oubliés. Ils continueront d'être tendrement aimés des êtres délicats qui se plaisent aux souffrances du cœur et aux duperies des sens. Mais ici, je voudrais parler plutôt de Clermont lui-même que de ses œuvres, dire ce qu'il était, et ce qu'il serait devenu, montrer de quelle matière riche, pleine et rare, il était fait. Quelle image fidèle donner de lui ? C'était une âme si complexe, si changeante... Son esprit et son cœur se développaient de jour en jour, sensibles à toutes les émotions, accessibles à toutes les idées. Jamais, après une absence, on ne le retrouvait tel qu'on l'avait laissé ! Car cet intellectuel, ce philosophe se laissait émouvoir par tous les souffles de l'air. Mais ce perpétuel devenir n'était pas du désordre, de l'anarchie. Au contraire, son histoire fut, avant tout, l'histoire pathétique de l'ascension d'une grande âme, à travers l'agitation tumultueuse des désirs et des rêves.

Emile Clermont avait reçu à l'Ecole Normale, une vaste culture, surtout philosophique et historique, qu'il n'avait cessé de compléter, dans la suite, par des voyages et des séjours à l'étranger. Il subit profondément, au cours de ses études, l'influence de Bergson, et il est aisé de s'en apercevoir dans ses deux romans. C'est à lui qu'il dut en partie, ce souci, constant chez lui, de libérer son esprit de tout ce qui était extérieur, objectif, et de se mettre en contact direct avec les « données immédiates de la conscience ». Nietszche, d'autre part, — le vrai Nietszche, et non celui de la foule ou du pangermanisme, — le marqua quelque temps de son empreinte, mais la guerre lui apprit à le détester. En littérature, les livres qui exercèrent sur lui le plus d'action furent *Adolphe, Obermann* et *Volupté.* On peut y ajouter les premiers romans de Barrès. *Amour promis* et *Laure* se rattachent nettement à cette grande famille moderne du roman d'analyse, où les thèmes lyriques les plus généraux s'unissent à l'étude de sentiments d'exception.

Mais tous ces noms servent plutôt à apparenter Clermont qu'à le définir. Son âme ne se forma point sur ces livres aimés. Il n'était pas de la race des disciples. Il sentait et pensait trop vivement par lui-même pour ne pas conserver, à travers des cultures différentes, une originalité profonde. Il n'avait pas appris pour « savoir ». Tout l'apport du dehors n'avait servi qu'à l'enrichissement de sa vie intérieure. L'intensité de cette vie était prodigieuse. Il semblait brûlé d'une fièvre secrète ; dans tout l'univers il ne voyait que des occasions de faire vibrer ses pensées, et son esprit était toujours tendu à l'extrême, soit qu'il se fixât sur des nuances de sentiments, soit qu'il se déployât à la mesure du monde. Une sensibilité aiguë, un tempérament impressionnable d'artiste, une vie très solitaire, le mirent en réalité au-dessus des influences étrangères.

Son trait dominant, c'était une singulière apti-

tude à souffrir et à jouir de sa souffrance. Peut-être
y fut-il prédisposé par une santé assez délicate,
une jeunesse attristée par des deuils et courbée
trop longtemps sur les livres. Mais pourquoi, au
fond, y chercher des causes extérieures ? Les
grandes âmes apportent, en naissant, leur destin.
Il était de la race de ces âmes insatisfaites, qui ne
se sentent pas à leur place dans le monde, et qui
éprouvent partout un sentiment obscur de malaise,
« d'absence ». Le mécontentement n'est pas forcé-
ment un signe de distinction d'esprit. Mais lorsqu'il vient des sources profondes de la vie, qu'il est
une recherche inquiète de la destinée et une aspiration vers un bien inconnu, il crée ces cœurs
ardents et tourmentés, ces êtres infortunés et rares,
si supérieurs aux autres, dont Pascal est le plus
haut exemple. Et en vérité, il y eut beaucoup de
Pascal en Clermont.

Sans doute, ce désaccord entre l'âme et l'univers, entre le rêve et la réalité, entre les besoins
infinis du cœur et de l'esprit et les conditions de la
vie, est aussi une des grandes idées qui dominent
toute notre littérature du xixᵉ siècle, et Clermont
se rattache encore plus ou moins au romantisme.
Il est le petit cousin de René et d'Amaury, qui,
eux non plus, ne se croyaient pas à leur place
dans le monde.

Mais il en diffère aussi profondément. Les romantiques se contentaient de thèmes très généraux. Il leur manquait à la fois le don de l'analyse psychologique et la préoccupation des problèmes moraux. Cela conduisit Clermont à s'écarter d'eux de plus en plus. Il était parti du même point : d'un individualisme excessif et de la croyance que seule la passion, dégagée de toute entrave, pouvait parvenir à combler les désirs du cœur. Mais ayant subi cette illusion, il ne s'y arrêta pas. Le héros d'*Amour promis* ressent, au contraire cette « impuissance d'aimer », cette sécheresse au sein même de l'exaltation, cette stérile agitation des désirs sans cesse trompés, qui ont remplacé de nos jours les éclats lyriques de la passion. Malheureux parce qu'il cherche en vain dans l'amour ce sentiment de l'absolu, dont le besoin l'obsède, en proie à cet ardent désenchantement de la jeunesse dont parle Baudelaire, il ne voit bientôt plus d'intérêt que dans la souffrance, et aussi dans la nécessité de faire souffrir un autre être, un cœur de jeune fille. « Pour moi, dit-il quelque part, un plaisir véritable devrait être quelque chose de déchirant ». Et ailleurs : « Au début de la vie, le jeune homme se plaît à douter et à nier, et ne console sa désespérance qu'en la multipliant ». Écoutez aussi cette phrase : « au milieu de mon bonheur, je cherchais à me blesser ». Cela rappelle la pensée profonde d'Oscar Wilde : « *All men kill the thing they love* ». Mais ne vous y trompez point : Clermont ne veut pas se borner à être un des poètes de la douleur. Il y a, au fond de ses désespoirs, un principe plus actif. « Nous en arrivons à désirer ardemment la souffrance, dans l'espoir que là enfin, nous trouverons la réalité et sentirons les pointes aiguës et les angles *de la vérité* ». Cette phrase n'est pas de lui, elle est d'Emerson, mais il aurait pu la signer, et elle s'applique admirablement à son cas.

C'est bien en effet la recherche passionnée de la vérité, qui s'imposa toujours à son esprit, et c'est en cela qu'il se sépare nettement du romantisme. Aux heures mêmes où il était le plus avide d'émotions, il ne les cultiva jamais pour elles-mêmes. Toujours, à travers elles, il poursuivit *autre chose*. Très jeune, il subit vite le dégoût de la volupté. Mais ayant évité le piège du plaisir, il sut éviter aussi celui, plus redoutable, de la lassitude. Il ne s'attarda pas, comme tant d'autres, dans le lyrisme vague, le dilettantisme élégant ou la stérile mélancolie. Son pessimisme n'aboutit pas à un accablement sans issue. Si artiste qu'il fût, il ne songea jamais à faire de l'art pour l'art. Les choses, pour lui, devaient avoir un sens profond et grave, et sa sensibilité ne fut jamais l'anarchie des instincts.

Son cœur avait de plus hautes exigences. Une de
ses idées les plus constantes était celle de la liberté
intérieure. Ce qui le séduisit tant, dans le bergsonisme, ce fut justement cette philosophie nouvelle
de la liberté, fondée sur les intuitions de la conscience. Et toute sa vie ne fut qu'un long effort de
libération. Déjà, lorsque le héros de son premier
roman cherche à troubler le cœur de la jeune fille
qui se tuera à cause de lui, ce n'est point pour
la faire souffrir, mais pour la délivrer des idées et
des croyances venues du dehors, et la faire pénétrer tout au fond d'elle-même.

Mais Clermont s'aperçut bien vite que la poursuite des émotions, le goût de la volupté, de l'amour
et de la souffrance étaient autant de chaînes nouvelles. Il dut donc chercher cette libération tant
invoquée, hors du domaine des sens, sur un plan
plus élevé.

Il y fut aidé par l'idée de la mort, qui depuis
son enfance, depuis un deuil cruel, dirigea souvent ses pensées. Ce n'était point là, comme chez
trop d'écrivains, un simple thème lyrique. Cette
idée était réellement vivante en lui, et s'était
incorporée à sa conscience, à tout son être. Elle le
mena au mépris, traversé d'ardents regrets, des
choses périssables, et l'accoutuma à voir de plus
en plus le monde sous l'angle de l'éternité. Cette

âme changeante, tourmentée, vibrant à toutes les impressions, était pourtant en quête d'absolu. Son agitation même avait creusé en elle un abîme qui semblait ne pouvoir être rempli que par des choses éternelles.

C'est dans ces dispositions d'esprit qu'il écrivit son second roman, *Laure*, un livre admirable, dont le sujet est si profond, si original, et où l'on retrouve, à travers l'étude d'un caractère de jeune fille, la trace émouvante de ses propres débats de conscience. Laure se libère, par un haut sacrifice, d'un amour humain, pour aller chercher dans l'amour divin le prix éternel de la vie. Mais ses efforts restent vains : qu'elle entre au couvent, ou qu'elle s'essaie de nouveau à l'existence laïque, nulle part elle ne se sent à sa place et ne rencontre la paix. C'est une âme noble et pure, éprise de perfection, et qui a voulu rompre toutes ses attaches. Mais sa recherche des grandeurs qui passent le monde est encore incertaine et périlleuse, parce qu'elle est trop personnelle. Laure vit sur un plan supérieur, mais il y a cependant en elle du héros d'*Amour Promis*, et elle subit la même loi, elle aboutit au même malaise pour avoir voulu découvrir par elle-même la vérité, au lieu de la recevoir comme un don de la grâce. Aux cœurs inquiets et insatisfaits, tout est décevant, aussi bien dans le royaume de l'absolu que dans le domaine des sens. Il n'est point de salut hors de la règle. « *Ordo ducit ad deum* ».

Mais de quelles magnifiques tragédies intérieures nous serions privés, sans ces combats de l'âme contre elle-même ! C'est ce sens de la tragédie qui agitait et troublait la conscience de Clermont, comme celle de Laure, et dans les œuvres nouvelles qu'il avait commencé d'écrire, ou dont il avait conçu le projet, nous retrouvons une préoccupation de plus en plus vive des problèmes moraux qui mènent jusqu'à Dieu, ou qui peuvent établir une règle de vie. Ce n'est point qu'au milieu de ces pensées graves, il cessât d'être artiste. Bien au contraire. Il n'avait rien du moraliste abstrait. Et les idées qu'il agitait n'étaient point détachées des êtres vivants qu'il se plaisait à peindre avec une puissance d'analyse et un don d'évocation hors de pair. Mais, — et ce fut là son originalité, — les histoires d'âmes qu'il raconta et qu'il devait encore nous raconter, furent toujours soumises à ce besoin de méditer le sens de la destinée. Dans ce roman inachevé paru après sa mort sous ce titre : *Histoire d'Isabelle*, il nous montrait encore une jeune fille entrant au couvent, pour expier et racheter une faute de son frère. Il y a là une théorie curieuse, et profondément chrétienne, des mystiques échanges et du sacrifice. Dans le plan d'un autre livre, noté sur son carnet de guerre, il voulait étudier l'histoire d'une famille dominée par le souvenir d'un soldat tué au combat, et c'est le sacrifice de celui-ci qui donnait aux siens le principe d'une vie morale supérieure. Un de ses romans ébauchés devait s'intituler : « Ce qui est le plus haut », et ce titre marque admirablement ce que fût sa propre évolution, une recherche constante, malgré tous les troubles du cœur, de ce qui était en effet le plus haut.

Il avait aussi jeté les bases d'un ouvrage philosophique qu'il méditait depuis longtemps, et où il devait analyser le sens et la valeur de différentes règles de vie, observées chez certains types représentatifs de l'humanité, tels que Sénèque, saint Augustin, Pascal, Napoléon, etc... Une telle étude, faite par un esprit qui avait connu par lui-même et vécu des formes diverses de l'être, depuis le désordre des émotions sensuelles jusqu'aux plus pures manifestations de l'idéalisme, promettait d'être un chef-d'œuvre d'une incomparable richesse de pensée. Hélas, tant de beaux espoirs ont été ensevelis dans la tranchée obscure des combattants !

Entre toutes ces règles de vie, Clermont n'avait pas encore choisi. Des désirs toujours contradictoires le troublaient. Dégagé de l'illusion passionnelle, il continuait cependant d'en subir le charme périlleux. D'autre part, il était en train de se dégager du prestige de l'intuition bergsonienne, bien qu'il y eût trouvé un merveilleux instrument d'analyse. Il commençait à se rapprocher de la connaissance intellectuelle : n'est-il pas plus sûr de bâtir sur l'ordre de la raison? Enfin, Clermont paraissait de plus en plus préoccupé des choses de la religion. Ce n'était pas qu'il fût croyant, du moins avant la guerre. Il avait le sens du divin, mais sans Dieu. Serait-il allé jusqu'au catholicisme, jusqu'à la foi pratiquante? Et est-il mort dans cet esprit? Je ne sais, et il ne m'appartient point de trancher des débats de conscience aussi délicats. Du reste, au point de vue de sa pensée, ce qu'il faut voir avant tout dans ces tendances mystiques, c'est l'angoisse de la destinée, l'esprit de sacrifice, l'effort de perfectionnement, le besoin d'une discipline. Ce sont là des questions de métaphysique et de morale, plus que de dogme.

Dans l'état où se trouvait Clermont, il est facile de comprendre de quelle façon il accepta la guerre. Nul être, à première vue, ne semblait moins fait que lui pour s'y adapter. Il était maladif et de santé fragile, d'un naturel timide et réservé. Il avait toujours vécu en dehors des réa-

lités quotidiennes de la vie; les petites besognes
du métier de soldat devaient lui déplaire, et les
horreurs du combat blesser sa sensibilité suraiguë.
Mais d'autre part, ses préoccupations morales, au
moment où la guerre éclata, l'avaient rendu mûr
pour un grand devoir. Et puis, cette discipline
qui lui manquait et dont il éprouvait le besoin,
il la trouvait nette, simple, immédiate dans son
régiment. Elle devait apporter la paix dans le tu-
multe de ses pensées et de ses désirs. Des notes de
son carnet de guerre montrent le bienfait de cet
apaisement. Autre chose encore s'accordait, dans
la guerre, avec ses idées : le sacrifice, le don
volontaire de soi-même et de sa vie. Personne
n'éprouva comme lui ce sentiment dans toute sa
plénitude. Il voulut rester au front toute la campagne, dans un régiment d'active, et il était devenu
un vaillant officier. Il aimait ses hommes, de rudes
mineurs de Saint-Étienne, lui qui, quelques années
plus tôt, était un égotiste passionné. C'est pour
eux qu'il veillait dans la tranchée, sous un violent
bombardement, hors de son abri, lorsqu'un obus
lui emporta la tête. Cité à l'ordre du jour, il était
très apprécié de ses chefs. Son commandant a
écrit de lui : « Il est mort dans l'entier accomplissement de son devoir. Il donnait l'exemple en
vrai et digne chef ».

Il y a donc eu un accord secret et profond entre sa mort et sa vie, — non point sa vie vue du dehors, sans événements notables et qui ne compte pas, — mais sa vie intérieure, si intense et si belle, et qui de progrès en progrès, s'éleva jusqu'au plus hautes conceptions morales pour s'achever, alors qu'il touchait au seuil de la gloire, dans un sacrifice à la patrie. Cette fin acquiert ainsi un sens particulièrement noble. Mais qu'il nous soit permis de dire que cela ne peut nous consoler, et que la vie de Clermont nous importait plus que sa mort. La France pourra réparer la plupart de ses pertes. Mais celle-ci est vraiment irréparable. Avec cette intelligence souveraine, ce cœur vibrant, cet esprit élevé entre tous, c'est une grande et pure lumière qui s'est éteinte. Et que ce malheur ait été rendu possible, celà éveille encore, après dix années, des sentiments de colère.

EMILE CLERMONT

(Souvenirs du Lycée Henri IV et de l'Ecole Normale).

PAR

RENÉ GILLOUIN

J'ai connu Émile Clermont en 1900 au Lycée Henri IV, dans la classe de rhétorique supérieure où nous préparions tous deux l'École Normale et où, son cadet d'un an, j'admirais en lui un « carré » prestigieux. Nous ne devions vraiment nous lier d'amitié qu'au cours de nos trois années d'École, mais j'avais été dès l'abord, j'en garde très présent le souvenir, infiniment sensible au rayonnement qui émanait de sa personne, et qui apparaissait à beaucoup d'entre nous comme l'aube certaine d'une destinée glorieuse.

Le prestige qu'il exerçait sur nous, Clermont le devait tout ensemble à la précoce maturité de sa pensée, à une expérience déjà consommée de la vie du cœur, à la richesse et à la profondeur d'une sensibilité frémissante, dont son âme d'adolescent passionné portait douloureusement le joug, tandis que son imagination d'artiste s'efforçait de s'en affranchir.

Il excellait en tout ordre d'études, avec une
prédilection marquée pour la philosophie, alors
enseignée, il est vrai, par M. Henri Bergson, puis
par M. Victor Delbos. Ainsi que je l'ai écrit dans
l'étude que je lui ai consacrée il y a quelques
années, ces deux maîtres éminents ont exercé sur
plusieurs générations d'élèves une puissante
influence, le premier par sa sérénité socratique,
son art incomparable d'accoucher les esprits, sa
lucidité souveraine, le second par son austère
douceur, son sens profond du sérieux de la vie
morale, son immense érudition et sa haute équité
intellectuelle. Mais pour Clermont, qui, dès cette
époque, se sentait *différent* et qui en éprouvait un
confus et obsédant malaise, l'enseignement de
M. Bergson fut plus et mieux qu'une illumination
de l'esprit, ce fut une libération, un affranchisse-
ment de tout l'être. Il apprit de lui à épurer sa
vie intérieure de tout élément étranger, surajouté
par la fréquentation des livres ou la société des
hommes, à prendre confiance en soi et conscience
de soi, à se saisir de ses sensations, de ses sentiments et de ses idées dans leur intégrité origi-
nelle et dans leur étincelante fraîcheur. Il dut à
M. Bergson d'avoir pu, suivant une formule ibsé-
nienne qu'il aimait, *devenir ce qu'il était*, et si plus
tard, dans la plénitude de son talent, il lui fut

donné d'élever à la lumière de la connaissance et de rendre intelligibles par la magie du verbe des états d'âme si mouvants, si obscurs et si subtilement nuancés qu'ils s'étaient dérobés jusqu'alors à toute analyse, il y fut grandement aidé par sa longue familiarité avec la sévère, délicate et périlleuse méthode de l'intuition bergsonienne.

Mais — si j'ai pour lecteurs quelques jeunes gens d'aujourd'hui je vais les faire bien sourire — plus encore peut-être que ses succès scolaires et l'estime où le tenaient ses maîtres, ce qui émerveillait les camarades de Clermont, ce qui les pénétrait d'un regret nuancé d'envie et relevé d'une pointe de scandale, c'est qu'il avait une maîtresse. Comment l'avions-nous su ? Je ne me le rappelle plus. Je ne suis sûr que d'une chose, c'est que ce n'était pas par lui, car il était aussi dépourvu de fatuité et de vantardise qu'on peut l'être. Mais nous le savions, et aux tristes potaches que nous étions, retranchés par l'internat des conditions de la vie normale, tourmentés par nos sens et par notre cœur, et qui pour la plupart ne connaissions de la femme que les vils plaisirs dont fait commerce la Vénus des carrefours, le garçon de notre âge qui avait une liaison, une vraie liaison, où l'argent n'entrait pas en compte, où le cœur et les sens avaient chacun leur part, semblait le bienheureux détenteur d'un fabuleux privilège. Cette Terre promise de l'amour, ce Paradis que nos imaginations brûlantes s'épuisaient à pressentir, il en avait pris possession, il y était établi à demeure. Tandis que nous hésitions au bord de la vie, seul d'entre nous il y était entré, il s'y avançait d'un pas décidé, entouré d'une atmosphère de romanesque et de poésie dont la contagieuse séduction s'accrut encore lorsque nous apprîmes, je ne me rappelle pas non plus de quelle façon, que sa maîtresse, une jeune fille allemande, obligée de retourner dans son pays, avait dû le quitter, et que leurs adieux avaient été dramatiques.

Toute sa vie, du moins jusqu'à l'époque héroïque dont la guerre marqua le début et fut le principe, Clermont devait être obsédé par la femme. Mais les dispositions que nous lui prêtions alors, sur la foi de son air d'ironique insouciance, correspondaient bien peu à la réalité. Il était de ceux qui portent leur sensualité comme un fardeau. Son insouciance était un masque. Son ironie était une conquête. Son fond était une immense mélancolie qui, comme il arrive, le rendait plus apte à saisir le comique des êtres et des choses, et d'abord de lui-même, et qui, mêlant sa grave résonance à la gaîté légère dont il la recouvrait, faisait un mélange d'ombre et de lumière dont nous subissions le charme sans en bien comprendre le secret. Clermont à cette époque était anticlérical, anticatholique, antichrétien même ; son dégoût d'un moralisme impur l'avait passagèrement soumis à l'influence de Nietzsche. N'importe. Quiconque eût eu le don divin de discernement eût pu dès lors pressentir sa destinée à ce seul signe qu'adolescent encore il avait déjà fait l'expérience du brisement du cœur.

*
* *

Tel j'avais connu Clermont au lycée Henri IV, tel je le retrouvai à l'Ecole Normale, où il avait été reçu le premier et où il entrait après une année passée au régiment. Il rapportait de cette année des souvenirs amers, dont il tâchait, suivant sa constante habitude, de dégager le ridicule, généralement à ses dépens. De complexion assez faible, d'allure un peu gauche, il s'était mal adapté aux exigences du service, mais il se plaisait dans ses récits à exagérer les conséquences fâcheuses ou grotesques de sa faiblesse et de sa gaucherie, et c'est avec une sorte de jubilation qu'il répétait la forte parole que lui adressait presque chaque jour son sergent : « Je n'ai jamais vu un homme aussi bête que vous ». Il n'en est que plus émouvant de songer que ce médiocre soldat du temps de paix devait, quinze ans plus tard, devenir un héros de la guerre.

Je me laisse aller au fil de ma mémoire, et je revis, comme si elles étaient d'hier, nos longues promenades quotidiennes le long des couloirs ou à travers les jardins de notre vieille École. Après de longues hésitations, Clermont avait opté pour la section d'histoire, non que l'histoire le passionnât, mais parce qu'il avait le sentiment très net que son goût déjà formé n'avait plus rien à recevoir d'un enseignement purement littéraire, et que ni le moralisme de Rauh, ni le rationalisme d'Hamelin n'offraient aucune nourriture assimilable à sa pensée. J'avais choisi de mon côté, sans grand enthousiasme, la section de philosophie, mais bien que nos études nous séparassent, nos préoccupations nous réunissaient, et, jour par jour, Clermont me révélait des trésors que je découvrais avec enchantement.

Dans ce milieu essentiellement intellectuel, il était avant tout une âme, et de quelle exquise et rare qualité! Son intelligence ne le cédait à aucune pour la force ni pour la subtilité, mais elle n'avait de prix à ses propres yeux que pour les clartés qu'elle projetait à travers les énigmes de sa vie intérieure. Elle était, cette vie intérieure, incomparable-

ment complexe, diverse et changeante, en état de
vibration perpétuelle, et d'une intensité souvent si
douloureuse qu'il s'était fait une espèce de méthode
pour émousser les pointes trop aiguës des
émotions qui l'assaillaient, soit en éprouvant par
l'imagination tous les possibles afin de n'être pas
surpris par le réel, soit en substituant artificieuse-
ment à la sensation présente le souvenir qu'elle
laisserait après elle. Je n'ai jamais oublié qu'au
cours d'une de nos conversations il me raconta
qu'ayant accompagné à une gare une jeune femme
tendrement aimée qu'il ne devait jamais plus
revoir — sans doute la jeune Allemande dont je
parlais plus haut — il l'avait priée de le quitter
avant l'heure et de permettre qu'il la regardât,
encore présente et déjà en allée, errer, petite chose
perdue, parmi la foule indifférente. Elle avait
consenti, peinée et choquée, à ce caprice qu'elle
ne comprenait pas ; et lui, indécis et troublé,
acteur et témoin de cette scène, en hâte faisait du
passé avec du présent et, avec une douleur trop
vive, une supportable et presque délectable mélancolie.

Clermont était un de ces nerveux, un de ces
hypersensibles pour qui toute réalité est une
offense et qui, accoutumés à se repaître de souvenir et de songes, à peine atteint quelque objet de

leur désir, s'en détournent pour se livrer sans contrainte aux fantaisies de leur imagination ou aux mensonges de leur mémoire. C'est ainsi qu'à sa vie réelle il entremêlait une vie de rêve qui devait, par la suite, fournir une inépuisable matière à son art.

*
* *

Mais ce goût de sentir, d'imaginer, de rêver n'épuisait pas la vie intérieure d'Émile Clermont. Il y avait au plus secret de son être de puissantes exigences morales, métaphysiques, mystiques même qui, à cette époque, étaient encore peu conscientes de leur vraie nature et cherchaient en tâtonnant leurs voies, mais qui, pour cette raison même, entretenaient en lui un trouble voisin parfois du désespoir. L'idée de la mort ne le quittait guère, ni le double appétit de la pureté et de la grandeur. C'est ainsi que tout en s'abandonnant avec ivresse aux voluptés de l'âme il en jugeait sévèrement le perfide attrait, et que, perpétuellement en quête de l'amour, il discernait avec une lucidité impitoyable l'enchevêtrement de contradictions sans issue inhérentes à la passion qui se prend pour objet suprême et fin dernière de la vie. Acharné à creuser en profondeur dans les sables mouvants de son moi, il n'avait pas d'autre alternative que de trouver au fond le néant, ou Dieu. C'est Dieu qu'il devait rencontrer en fin de compte, au terme d'une ardue et héroïque recherche, interrompue à la fois et achevée, vérifiée, couronnée par le plus haut sacrifice, librement consenti.

MARCHE VERS CLERMONT

PAR

JEAN GIRAUDOUX

Il y a, dans toutes les âmes grandes, un génie
extensible qui donne à leur vie, qu'elle soit brève
ou longue, conclue normalement ou brisée, l'équilibre et la perfection. Il n'en est pas d'elles comme
des statues antiques dont la mutilation a été un
allègement nécessaire pour le passage sur on ne
sait quel pont dangereux des siècles ou du goût.
Ce que le sort nous a donné de la vie de Clermont
n'est pas un fragment, mais une vie complète, et
d'autant plus achevée que par cette conclusion
seule elle devenait le bien de ceux auxquels Clermont pensait le plus, de ceux auxquels devrait
revenir normalement et ne revient presque jamais
le bénéfice d'un grand voisinage, de ses camarades,
de sa génération. Pour que la sagesse en France
cessât d'être la spécialité des vieillards, pour qu'elle
fût autre chose qu'un enseignement ou une tradition, et bien une denrée courante, il n'y avait guère
d'autre méthode, étant donné l'encombrement qui

règne partout dans l'âge adulte, que d'avancer fortement l'âge de la vieillesse, c'est-à-dire de la mort. Notre génération a eu recours à cette recette avec un plein succès. Aussi, au lieu d'avoir pour serre-files des aînés à cheveux gris, elle a des morts, mais tout jeunes. Chacun des survivants en possède au moins un, dont la présence continuelle et aérée détruit de façon inespérée la proportion, dans la dite génération. des corps et des âmes. Pour beaucoup d'entre nous ce vide heureux, ce jumeau léger, c'est Emile Clermont.

Il n'est de parfait, en ce bas monde, que les calamités. En ce qu'elles détruisent et en ce qu'elles épargnent, elles font toujours une œuvre raffinée et définitive. Le bonheur n'a jamais rien eu de fatal, et la fatalité est une règle tellement humaine, que les existences heureuses font toujours figure de désertions. Les calamités déterminent une crête au delà de laquelle on ne peut que descendre, si bien que tous ceux qui sont partis pour un long voyage paisible et qu'elles ont pris jeunes, semblent les seuls humains qui soient arrivés à leur but. Toute l'existence de Clermont, si pacifique, et qui semblait ne devoir trouver de solution que par des avances prises sur l'éternité, nous paraît maintenant avoir marché, depuis son enfance, au canon, et vers la guerre. La guerre lui a fourni,

comme à tous ceux qui cherchent, des réponses
qu'il lui aurait fallu des siècles pour trouver,
comme aux chimistes, comme aux aviateurs. Il en
a été vraiment, pendant ces cinq ans, du caractère
comme de l'avion. En même temps que la
guerre, par un battement spécial du temps, sup-
primait tous ces obstacles qui ralentissent le progrès, difficultés d'argent, crainte de la consomma-
tion en hommes, nécessité de gagner la vie quotidienne, elle débarrassait également l'âme noble de
toute sa pesanteur. Cette remise à l'homme de soi-
même, cette libération de ses joies et de ses charges,
l'échange de toutes les émotions différentes et
divergentes d'une vie contre un seul et invariable
pathétique, tout cela ne pouvait qu'accelérer à un
rythme insoupçonné son développement ou son
achèvement. Cela n'a point manqué pour ceux qui
ont combattu, pour tous ceux qui ont combattu,
et de là cet étonnement avec lequel ils écoutent
et regardent les hommes qui n'ont pas fait la
guerre. La philosophie de ceux-ci paraît primaire,
leur sagesse est celle de la draisienne. Aucune
norme n'a jamais été prise de leur crainte, de leur
courage, de leur lâcheté ou de leur sacrifice. Ils
sont des liquides sans vase. Ils ne savent pas,
quand ils ont été jetés dans la vie, avec quels ani-
maux ils ont été cousus dans leur propre peau. Mal

identifiés avec leur corps et leur âme, ils se ressemblent par un aspect confection, bref ils se ressemblent. Il n'est certes pas question, entre eux et les soldats, de mérite ou de démérite, mais celui qui a eu peur à la guerre, celui qui a fui, celui qui a trahi ne donne pas, comme eux, cette impression d'être hors du jeu, hors de cette connaissance qui a été transmise automatiquement, depuis 1914, aux enfants eux-mêmes et aux arrière-neveux. Ils sont des exceptions au même titre que l'étaient, quand vint Galilée, tous les hommes excepté Galilée.

Clermont, qui avait été dans ses premières œuvres contraint d'imaginer, pour donner à sa pensée le fond orageux qu'elle réclamait, une guerre pacifique mais cruelle entre les êtres et les choses, et auquel la construction de ce décor de calamités coûtait souvent le meilleur de ses efforts, vit le travail de son imagination infiniment purifié et allégé quand éclata entre les hommes, sans son aide certes, la guerre. Il n'avait plus à édifier, pour donner aux débats de son âme la résonance nécessaire, le mal. Le drame ne naissait plus d'un combat entre les humains, souvent terrible mais mesquin, par essence, mais bien d'une alliance générale des humains, amis et ennemis, contre un de ces fléaux qui mettent soudain l'humanité en état de grâce et seuls chargent à la fois chaque être de son néant et de sa justification. Clermont était relevé de ce rôle de peintre à couleurs noires, et ce sombre émoi que lui inspirait autrefois le visage de Pascal ou celui de Nietszche, maintenant la tête de bavarois qui émergeait soudain seule de la tranchée, ou le visage souriant du sergent-fourrier le lui apportait aussi vif. Cette auréole de mort qu'il s'imposait de donner à ceux de ses héros auxquels il voulait voir accomplir un acte vraiment final, pas un de ces vivants, du cuisinier au colonel, qui ne la portât au front. La compagnie, le bataillon, l'escouade, que ce fût au combat ou à la corvée de pommes de terre, scintillaient d'actes finaux. Clermont n'eut même pas l'idée de choisir à son prochain roman d'autre base et d'autre décor que cette guerre, qui lui permettait de porter toute la lumière sur les hommes et toute l'ombre sur la fatalité. L'état auquel il était parvenu s'avérait même plus parfait que lui-même n'aurait pu le désirer ou le prévoir. Il se trouvait que, par le fait encore de la guerre, au lieu d'arriver seul à cet état de grâce, tous les camarades y arrivaient avec lui. La guerre lui épargnait ce dilemme tragique, ou s'élever au-dessus des hommes, ou rester avec eux très bas. Par une transmutation subite, les individus les plus simples se trouvaient, au milieu des

excès, des divagations, haussés d'un coup à ce
palier où il n'était parvenu que par une vie d'étude
et de renoncements. Il est infiniment plus doux
d'être sujet que d'être roi dans le royaume de la
sagesse. Ce bolchévisme du sublime était, au-dessus d'une nation soudain affermie dans ses cadres
et dans son honneur, tout ce que Clermont pouvait
rêver de plus haut. La bataille entre les hommes
avait le même résultat, mais cette fois universel,
que la bataille avec soi-même.

*
* *

La mort de Clermont, après ce beau débat qui
lui avait fait voir dans le séjour sur la terre un bien
inégalable, dans la constance et la foi les seuls
cadeaux, est survenue juste à l'âge où les désespé-
rés se suicident. Cette fin prématurée donne à toute
sa vie l'apparence d'une exploration audacieuse,
l'allure d'un raid. Elle semble remarquable, tant
le but en était précis, non par sa brièveté mais par
sa vitesse. M. Guy Chastel, comme on questionne
ceux qui ont entendu l'avion au cours de son
voyage pour en reconstituer la parabole, demande
à chacun de nous quand Clermont a été pour la
dernière fois entendu, perçu par lui... En ce qui
me concerne, je puis le rassurer... à la fin de février

1915, le pilote était visible, en excellent état, et faisait des signes amicaux à la terre.

Je l'ai vu un de ces rares jours de la guerre que j'aime à me rappeler, parce que ce furent des jours bien heureux. Il arrive parfois en rêve que vous êtes soudain libéré de votre pesanteur, de votre lenteur d'esprit, que vous trouvez le moyen de voler avec vos seuls bras, de comprendre pourquoi vos aînés n'ont pas découvert la pierre philosophale, de traverser des murs et de vous amuser à rejoindre vos amis par les cloisons et non par les portes. Or, ce jour-là, j'étais libéré de ce rôle de végétal qui attachait alors chaque soldat à un champ précis. Je venais au front en convoyeur. Je pouvais, en montrant ma carte, aller de brigade en brigade, de poste à poste, suivant des diagonales que seul avec moi le général Joffre aurait pu se permettre. Les sentinelles ne m'arrêtaient pas, j'étais mon propre mot de passe. Je ne relevais d'aucun chef, sinon de celui qui m'avait envoyé, le capitaine d'intendance d'un dépôt du Forez. J'avais la faculté incroyable, par de petites promenades de cinq cent mètres, de relier quelques camarades à leurs femmes, qui attendaient sans nouvelle depuis des mois dans les villages voisins. C'était un des premiers jours du premier printemps de la guerre. Le ciel était bleu, avec ces énormes nuages blancs que donne en

éclatant au-dessus de Soissons la paix, la joie,
et leurs obus muets. L'idée me vint d'aller voir
Clermont. Grâce à mon anneau magique, je pus
marcher vers lui par une marche toute droite,
comme dans un assaut.

Je traversai d'abord Violaines où campait le
bataillon des fusillés de Vingré. L'exécution avait
eu lieu quinze jours plus tôt. Seul le peloton qu'on
avait obligé à tirer avait fermé les yeux.... Quelle
adresse il faut pour tuer un ennemi, quelle mala-
dresse suffit pour tuer un frère!... Puis vint Namp-
teuil, région où il était défendu sous peine de prison de porter un foulard, fût-ce par le gel, et où les
soldats, en voyant mon cache-nez, me riaient et
m'offraient à boire comme au suprême courage. A
Chacrize, je croisais l'escorte du général de Grand-
maison. Il galopait. Il se hâtait. Il avait encore
cinq heures à vivre... Je traversais un plateau mo-
notone, terre civilisée où les champs étaient guérets
pour la première fois depuis Clovis, et que coupaient
de temps à autre, pour y loger les chapelles, les
églises et les châteaux, de profondes vallées, tranchées de nos villages. Pas d'autres oiseaux que des
corbeaux, oiseaux brûlés, et qui entretenaient sur
les plaines l'impression d'un incendie voisin, plus
paresseux dans leur vol encore que d'habitude,
sachant que tous les hommes avaient une surcharge

de plomb. Parfois une église ou une chapelle isolée, mais qui semblait aujourd'hui avoir été abandonnée de son bourg, qu'on rassurait de la main, dans laquelle on entrait, dont on ouvrait le tabernacle, sur l'autel, dans la chaire de laquelle on montait sans scrupule, assurés qu'elle préférait encore la présence turbulente d'un soldat à son respect... Mes frères, mes très chers frères, la guerre est finie... Les murs résonnaient.

Il était doux de traverser un pays aussi chargé de sens en allant vers Clermont. Je pensais à ce qu'il allait m'en dire tout à l'heure. Nous devons une grande reconnaissance aux écrivains qui, devant un paysage offert aux yeux de tous, piétiné par les générations, remplacent soudain notre contemplation habituelle par un sens infiniment plus subtil ou plus noble. Entre quelques éléments, peu nombreux et d'essence assez vagues, chute du soleil, lever du brouillard et glissement des eaux, il est une sorte d'alliage à trouver qui détermine de manière absolue l'âme d'une province et que ne réussissent que bien peu d'élus. Ce rythme définitif que Clermont avait donné à l'Allier, cette pression inaltérable qu'il avait imposée aux vallées du Forez, je savais qu'il les donnerait un jour à ce plateau, à ces rivières. Je jouissais de cette petite perfection, que je n'essayais pas de comprendre. Je traversais un brouillon de Clermont, selon l'humeur des nuages morne où étincelant. Je pensais surtout à cet autre paysage, dont je peux nettement, grâce à lui, imaginer les charmes, la détresse ou la fulgurance : celui de la pensée solitaire.

On ne naît pas impunément dans le pays d'Urfé. Tous les livres, toutes les notes de Clermont figurent la géographie, non du tendre, mais du pathétique, la carte d'un sublime provincial et pur, de la solitude de l'âme, et, de même que chaque voyageur, chaque explorateur prend instinctivement les attitudes propres à son voyage, Clermont n'avait que les gestes favorables au sien. Jamais je ne l'ai vu dans une position instable et qui ne permît pas, non seulement la réflexion, mais le voyage jusqu'aux causes premières. L'attente, la trépidation, la nervosité n'existaient pas pour lui. Ensemble nous avons entendu trois heures des appels de concours, des conseils de revision. Avec lui j'ai monté des escaliers pour voir au fond de Paris d'immenses incendies, ou des feux d'artifice, ou le premier aéroplane. Il était toujours calme, bien assis ou bien d'aplomb. On le sentait à l'intérieur d'une attente ou d'un spectacle infiniment plus grand et dont la contenance lui donnait une patience sans limites. Il n'avait jamais cet aspect de télescope démonté que donnent la plupart des philosophes au repos. Un boxeur, un leveur de poids, à la minute de leur effort, n'avaient pas plus d'assise que Clermont dans sa rêverie. Je savais déjà que j'allais le trouver, — au-dessus de ce château où une châtelaine, jeune fille orpheline, qui présidait la table des officiers, la châtelaine la plus proche des batailles, amenait jusqu'aux tranchées par sa beauté et sa dignité cette présence et cette collaboration féminine qui eussent manqué à la guerre de Clermont, — aussi calme, aussi gai. Je savais qu'il allait me donner, dans son costume d'adjudant, l'impression reposante d'être un interprète, un interprète de la guerre, dont l'absence désormais nous empêchera de comprendre beaucoup de mots du terrible langage. Mais je me rappelle, dans cette marche vers lui, m'être justement demandé dans quel équilibre parfait il allait m'apparaître au-dessus de ce tremblement de terre, dans quelle position pour toujours stable, accoudé à quel balcon, assis sur quel granit. J'arrivai à Muret. Le bourg était parcouru par des soldats qui se rendaient en file à la vaccination, tout joyeux, car si la vaccination immunise six mois contre la thyphoïde, elle immunise une semaine, ce qui est plus important encore, toute la semaine de repos forcé, contre la mort. On m'indique sa chambre. Je poussai la porte. Sur son lit, en

uniforme, la manche droite relevée, la chemise
un peu rougie au haut du bras, il était étendu. Il
avait choisi, pour me recevoir, la position de
Socrate lui-même, avec un peu de sang, pour
faire couleur locale.

EMILE CLERMONT
SOLDAT

Le Passage de l'Aisne

PAR

GUY CHASTEL

Emile Clermont appartient à cette génération
élue qui devait expier dans sa chair les dangereux
sophismes d'une époque abandonnée et trouble.
Penser aux morts! C'est un mot de lui. Il craignait
que la joie d'après-guerre ne fût frénétique, et il
redoutait cette frénésie comme une offense. Nous
ne ferons ici que nous recueillir dans sa pensée.

Aussi bien, comment parler de l'écrivain-soldat
sans connaître l'homme? Que dire du *Passage de
l'Aisne* sans être entré d'abord dans l'esprit de
celui qui l'écrivit? Ces jours extrêmes de Clermont
nous apparaissent comme le couronnement logique
d'une vie transposée dans un ordre souverain.
Mais cette haute accession serait moins évidente si
l'on ne suivait à quelques étapes celui qui, avec
« moins de sensations d'art mais plus de paix »,
assistait à la guerre de mai 1915 comme « à une
grande tragédie qui élève la signification des paysages et des jours ».

Il avait été toujours à l'étroit dans le paysage
et la vie de tous les jours. Mais, depuis l'âge de
sentir et de comprendre, il fut un de ces êtres
héroïques qui ne cessent de tendre vers leur perfection. « Je peux me rendre cette justice, dit-il,
que j'ai toujours cherché ». Il est vrai ; Clermont
était à la veille de la guerre l'homme qui a interrogé
toute la philosophie et à qui la philosophie n'a
pas répondu, ou du moins n'a pas fait la réponse.
libératrice. Tout le livre que mademoiselle Louise
Clermont a consacré à son frère atteste cette recherche gémissante. Et ce livre est un enseignement
et une somme : le cycle de l'angoisse humaine,
métaphysique, morale, artistique y est parcouru
avec un souci de l'honnête, du profond et du droit
qui en imposent à chaque page. Il était déjà d'un
esprit peu commun de pousser aussi loin l'introspection à un âge où il est plus séduisant d'agir
que de réfléchir. Mais peut-on oublier que, si chacun porte en soi « la forme de l'humaine nature » ce
repliement philosophique continu était aussi le prix
de notre enrichissement ? Que Clermont, si jeune,
ait pu porter un jugement si sûr, et jusqu'aux
nuances, dans presque tous les domaines de la
pensée, on en est moins surpris, quand on voit de
cheminements en cheminements que sa vie fut un
tragique débat pour la vérité, une aspiration per-

pétuelle vers le certain, une patiente maturation.

Rien n'alimentait ses désirs essentiels. Le collégien que ne déridait pas le *Malade imaginaire* : « il n'y avait là rien pour moi », se perdait par ailleurs en de sourdes révoltes : « jeudis à Paris interne, jours de sortie, tristesse illimitée. Horreur à présent en pensant à tout cela. Des soirées tragiques dans des squares à la tombée de la nuit ; bruits et lumières mourants, véritables agonies intérieures, tout me manquait... » Et encore : « manquant de tout, manquant de maître absolument, de quelqu'un, livre ou homme, qui m'eût parlé suivant mes inclinations profondes ».

Regarde-t-il autour de lui ? « Ces corps trop déshabillés, toute cette atmosphère de luxure que je hais... le dégoût, voilà le sentiment qui m'est essentiel ».

Ecrit-il ? « J'ai toujours inventé avec plaisir, mais j'ai écrit avec désespoir... L'art et la pensée qui sont désormais mon unique destinée ne sont que des distractions, un amusement pour accomplir les heures et éblouir les yeux, et ainsi jusqu'à la fin... voilà qui est triste ».

Il recherche dans le désert humain des personnes qui soient « une terre fertile où aucune graine ne tombe en vain... je n'aurai plus d'autre ami que celui qui sera capable de me maintenir sur les sommets où je n'arrive que par instants ».

C'est, pour tout dire, « au fond de l'âme une grande misère... plus de douze ans ainsi dans cette sorte de tourmente, d'heure en heure. »

Et moi, rien ne m'émeut comme ce jeune cœur pressé de questions et qui cherche à remonter de son puits d'amertume.

Pourtant, à travers cette solitude d'esprit, se dégagent comme des masses grises d'un ciel d'orage, des trouées de lumière, des possibilités d'embellie, des chances d'évasion. Les ombres qui ont pesé sur ce front ne l'ont pas même obscurci. Chercheur d'absolu, Clermont va, de système en système, comme on va d'île en île sans savoir où jeter l'ancre. Tour à tour Nietzsche et Bergson se font auprès de lui des apôtres pressants, et d'abord il y cède, mais il y a en lui une santé réactive, un individualisme sauveur qui suspendent son adhésion totale, et bientôt il se détache de l'un et de l'autre avec le même sentiment d'insuffisance, il les perce avec la même acuité qui lui fait dénoncer l'hypocrite Renan, le vide et néfaste Luther. On comprendrait à peine qu'en arrivant à l'École Normale il eût choisi la section d'Histoire de préférence à la section de Philosophie où il avait déjà pris une licence, si l'on ne sentait qu'affamé de certitude, il s'éloignait du spéculatif et du vague dont son époque était sursaturée, pour obtenir d'une autre science de la terre de quoi se surélever jusqu'à la vérité... Nature complexe, insatisfaite, inadaptée, mais toujours dominée par l'esprit, Clermont remonte toujours le rayon d'où pourra lui venir plus de lumière. Aussi est-ce merveille qu'aux méandres d'une pensée touffue et mobile, en perpétuelle évolution, on ne trouve nulle part le paradoxe.

Notre déception est lourde de ne rencontrer ni en lui ni dans son œuvre cette lumineuse dilatation qui est la plage où une belle eau se repose de ses remous. Du moins, Clermont écoute le silence, il recherche cette solitude intérieure du fond de laquelle montent les voix pures, et il ne tarde pas de les entendre. Est-ce à dire qu'il fut sans défaut et qu'il faille toujours le voir sur la voie étroite et le regard obstinément tendu vers un flambeau qui le fuit? Non point. Il fut un homme et c'est tout dire. Mais des expériences de la vie je n'ai pas à m'occuper ici; c'est une commune misère. Ce qui importe, c'est comment l'homme resté en contact de l'humanité lui échappe, et ceci, je ne le trouve qu'en recherchant ce qui se passe dans les hauts de son âme.

Et l'on constate d'abord que sa poursuite n'est jamais un jeu vain, jamais un raffinement égotique. Son souci au contraire, est persistant d'éviter le moi, l'attitude, l'enflure. Connaître pour le plaisir

7

de connaître est une ivresse mesquine, mais connaître pour prendre possession de soi, pour s'accroître, pour résoudre cet inconnu de soi-même
qui lui livrera des lois de contrôle et de gouvernement. C'est une noble angoisse, et c'est aussi un
souci d'ordre, le souci d'un homme habitué
à mettre de l'ordre dans ses pensées, à réviser impitoyablement toutes les valeurs dont se pipe le
commun, à assurer la légitime hiérarchie des
facultés que commande l'intelligence. Mais quand
on fait un pas sur ce chemin, on va loin. D'abord,
on ne voit pas le but, on ne sait où mène une
pareille recherche et il arrive qu'on aboutisse, en
définitive, au détachement. Détachement sublime
qui n'est ni une abdication, ni un recul, mais une
montée, car c'est de ces hauteurs que l'on voit
toutes choses en bas, sur un plan unique et restreint. Ascétisme, pauvreté, renoncement, ces
grands mots commencent à chanter en lui : « je
pensais à quelque chagrin possible et je me disais :
il y a deux rangs dans l'acceptation : ou bien c'est
ainsi, il faut supporter, être digne, fort, distant,
savoir souffrir ; oh ! puis ceci : un pardon, un consentement, quelque chose de l'âme qui s'incline,
qui veut bien ; qui chérit encore, mais d'une autre
façon où il n'y a plus ni désir, ni amertume, ni
regret, une bienveillance, un accord, un vœu, un

adieu, quelque chose d'extrême et d'adouci où l'âme se fond dans un autre ordre de l'amour et de la douleur ; non plus avec cette résistance, cette âpreté, mais déliée, donnée, transfigurée, ayant cherché une place et un rang hors du monde ».

A ce seul titre, Clermont serait déjà un compagnon sûr pour ceux qui tâtonnent aux carrefours et que brûle l'ambition de triompher de soi-même. Mais il y a plus. Au fond, Clermont était une âme « vivante au bien ». Ce que l'on aime dans ses colloques intérieurs, ce qui les rend pathétiques et aggrave notre tristesse de l'avoir perdu, ce sont des aveux comme celui-ci : « peut-être le plaisir le plus profond que je puisse avoir est celui d'ennoblir spirituellement d'autres hommes. Alors un sentiment de puissance réelle, de fécondité réelle, de joie, mais plaire, simplement plaire, quel dégoût » !

Quant à la mort, « je souffrirais, dit-il, d'approcher de la mort en étant encore soumis aux devoirs du monde. Je ne puis dire exactement pourquoi, mais toutes les fois que je pense à la mort, à un lit de mort, à mon lit de mort, à mon tombeau, ce vœu de me libérer de l'esclavage des désirs me tient au cœur avec une absolue nécessité. Il me semblerait mourir trop jeune si je mourais avant de m'être démailloté, délivré de cette pesanteur.

Être de plain-pied avec la mort, non pas frappé par la mort, mais à son niveau, à son rang, ne sachant qui accueille l'autre ».

Quelle personnalité morale et de quelle richesse, se dégage de ces quelques pensées ! Esprit trop vaste, le monde n'est pas à sa mesure, cela s'entend. Mais qu'il y ait en lui des efflorescences surnaturelles qui appellent les rayons d'une plus belle aurore, cela se voit. La vie n'avait fait que comprimer jusque-là des élans qui auraient voulu toute la carrière et voici tout à coup que le champ leur est livré. Mais avant d'entrer dans les combats, Clermont vient d'acquérir en des luttes intimes, en des corps à corps solitaires et par des disciplines intérieures cette nudité d'âme qu'exige la guerre.

Cette forme de libération, ce n'était pas sur elle qu'il comptait. L'auteur de *Laure* ne prévoyait pas qu'il allait en soldat, donner, au bord de la Champagne, toute sa mesure. « Après tant de recherches délicates ou inquiètes, fragiles, menues, extrêmes, tout à coup ce grand vent d'orage, ce vent brutal » avait bien de quoi déconcerter une âme, semble-t-il, si haute et si perdue. Mais ce sont les ressorts moraux longtemps comprimés qui attendent, pour jouer, l'action qui en vaut la peine ; c'est la méditation spirituelle qui libère, au jour voulu, les forces

actives de l'homme et donne aux formes réelles du
dévouement toute leur vertu ; et ce sont les êtres
d'exception que la vie ne prend guère en défaut.
Etant un de ceux qui semblaient le moins aptes et
le moins préparés à la guerre, Clermont est un de
ceux que la guerre a le moins surpris parce qu'elle
l'a trouvé tel qu'il était et qu'elle s'est contenté
d'amplifier, de mieux adapter ses points de vue, et
de développer le champ d'une délicatesse exclusive.
Il avait écrit : « la plus haute indépendance est la
soumission à ce qu'il y a de plus haut ». Quand
l'heure vint de s'y hausser, lui-même émergeait
d'un beau conte : « il n'y a plus de héros depuis
longtemps, songeait-il ; c'est-à-dire qu'il n'y a pas
eu de pureté — pour un héros il faut toutes les
qualités humaines : bravoure, générosité, détachement, mais sous l'angle des questions éternelles et
d'une pensée plus qu'humaine ! il faut en même
temps quelque grande chose à accomplir... »

Ce n'est plus, semble-t-il, Clermont qui écrit,
c'est un visionnaire. La guerre, à ce moment, peut
fondre sur lui comme un rapt, il est prêt.

*
* *

Le 2 août 1914, Clermont fit sonner le tocsin
dans son village bourbonnais de Montaigu-le-Blin,
et, trois jours après, il rejoignait au pensionnat

— 97 —

Valbenoîte de Saint-Etienne, le 238ᵉ d'infanterie.
Au temps de paix, il avait été, à Montbrison, le
soldat que son caporal — chacun a sa mesure —
trouvait trop bête. La guerre allait en décider. Elle
se contentait, il est vrai, de le faire passer des
luttes d'idées à des conflits plus réels, et ceux-ci
ne valent eux-mêmes que par le sentiment qui les
transfigure.

A son arrivée sur le front, les Allemands, suivant
le cours de nos belles rivières, tendaient déjà la
main vers cette coupe de l'Ile-de-France, où l'ennemi, d'âge en âge, tente d'approcher les lèvres.
Le réveil de la Marne battait son plein, « ce matin
où la France était sauvée ». Clermont est jeté brusquement dans l'action, et déjà c'est un sacrifice :
devançant l'ordre de départ, il a voulu remplacer
l'un de ceux que pouvaient encore retenir à l'arrière
leurs charges de famille. Au dépôt, il avait dû faire
exécuter quelques-unes de ces petites besognes
pour lesquelles il avait peu de goût, mais qui rece-
vaient de l'heure tout leur prix et qui l'apprenaient
à « servir ». La force de Clermont, elle est toujours
en dessous, comme la sève au cœur de l'arbre.

Le voici donc au contact de l'ennemi, et mêlé du
premier coup à un épisode dont il devient bientôt,
sur l'ordre de son chef, l'historiographe : *le Passage de l'Aisne.*

Le Passage de l'Aisne n'est autre chose que le récit direct d'un de ces petits faits d'armes à l'aide desquels s'éclaire et s'amplifie la fresque de la guerre. On y voit, sur quelques kilomètres de terrain, une image initiale puisque nous sommes au début des hostilités, mais une image intense de ce flux et de ce reflux qui, malgré les modifications de l'armement, devaient, au cours de quatre ans, faire osciller un front de quatre cents kilomètres.

Le samedi, 12 septembre 1914, le 238ᵉ d'infanterie, flanc-garde d'une division qui talonne la retraite des Allemands, arrive à Ambleny, se réorganise en hâte, franchit l'Aisne et reçoit pour mission d'occuper, par delà le village de Fontenoy, le plateau de Nouvron.

Le cadre est fait d'espaces verts au bord d'une rivière douce. Au-dessus, des coteaux à pic, parmi lesquels s'ouvrent des routes qui vont parcourir le plateau. En amont, une sorte d'éperon, la cote 112, d'où l'ennemi en vigie déchire à coups d'obus tout ce qui s'aventure sur le pont de bateaux improvisé par le génie, tout ce qui débouche sur la rive droite, tout ce qui s'approche des pentes.

Comment s'opère ce passage, depuis la ferme du Pressoir jusqu'aux couverts dangereux de la rive opposée, c'est d'une lecture angoissante. Le régiment, ou du moins ce qui reste d'une troupe éprouvée et lasse, douze cents hommes sur deux mille, réussit à gagner le parc du château Firino dont le commandement occupe une pièce d'angle où viennent ricocher les balles. Il bataille là tout un jour. Mais, aux premières ténèbres, ce fut bien autre chose : sur les hauteurs, les Allemands attaquèrent en masse. « A travers la fusillade, on entendait retentir leurs trompettes, jetant deux notes toujours pareilles, l'une aigue, l'autre grave. Des canons de campagne tonnèrent sur la hauteur. En même temps, un chant s'éleva, presque religieux, sortant de nombreuses poitrines et dont on distingua très nettement les mots : Deutschland über alles. Et ce chant se rapprochait. Les troupes françaises étaient refoulées et déjà celles du parc percevaient au-dessus de leurs têtes de rudes commandements allemands... mais voilà que soudain, en cette minute critique, dans ce tragique moment, des clairons français sur la droite sonnèrent la charge. Il y en eut d'abord plusieurs qui répétèrent ensemble leur refrain allègre et clair, mais ceux-là se turent, et ensuite, on n'en entendit plus qu'un qui longtemps sonna seul ».

Vers trois heures du matin, le plateau était déblayé.

Alors, le 238ᵉ put se porter en avant et gagner la crête. Mais à travers les restes de quel carnage !

« Dans la nuit pluvieuse, la lune jetait une clarté
blafarde à laquelle succéda bientôt, sans même
qu'on remarquât la différence, une aube terne et
brouillée. La route était tellement encombrée de
cadavres qu'il fallait à chaque pas chercher une
place où poser le pied, et qu'on ne savait comment
avancer... Dans la mort même, cette troupe semblait retenir la marque de l'élan qui l'avait empor-
tée ».

Le régiment tint la position pendant huit jours.
Ce que fut la vie de tranchée au début de la guerre,
Clermont le dit en des pages dont on voudrait ne
rien distraire : « les tranchées étaient à ce moment-
là très insuffisantes..., très étroites et peu profondes, on ne pouvait s'y tenir debout sans s'expo-
ser à recevoir des balles ; y circuler était à peu
près impossible ; faites pour des tireurs debout les
uns à côté des autres, elles n'offraient pas la place
suffisante pour qu'on pût s'étendre et se reposer.
Pour ne pas gêner le tir, on ne les couvrait pas ;
cependant la pluie tombait, et même elle tomba
plusieurs fois pendant des nuits entières : les soldats qui n'avaient encore ni toiles de tente imper-
méables, ni couvertures, pénétrés par l'eau glacée,
ne pouvaient dormir qu'en se couchant dans la
boue. Les souffrances étaient très grandes.

« ... Les repas, dans la plupart des compagnies, ne

pouvaient avoir lieu qu'après la nuit tombée, ou bien avant le lever du jour... Chaque soldat dans l'obscurité, tendait sa gamelle au bord de la tranchée.

« Les vivres eux-mêmes manquaient. Aussi, les soldats, à la nuit, en quête de nourriture, fouillaient les havre-sac des morts étendus dans les champs... ceux des Allemands contenaient toutes sortes d'objets volés, linge et souliers de femmes, bougeoirs en cuivre, rideaux de lit, tasses à café, boules de billard, dont la découverte, faisait rire et qui témoignaient de la gloutonnerie vorace et ignorante des pillards.

« L'artillerie allemande jetait des obus avec une extrême prodigalité... les soldats qui se sentaient ainsi visés, serrés les uns contre les autres dans une étroite rainure du sol, ne voyant rien, sachant qu'à tout instant leur refuge et eux-mêmes risquaient d'être anéantis, ne pouvant ni s'éloigner, ni avancer, ni riposter, au milieu des explosions continuelles, vivaient entre leurs murs de terre bien des moments d'angoisse.

« Lorsqu'un homme était atteint, la nouvelle transmise à voix basse courait le long de la tranchée. Si le soldat était mort, ses voisins prenaient sa plaque d'identité, sa montre, son porte-monnaie, son livret, les quelques objets de valeur qu'il pouvait avoir, on enveloppait le tout dans un mouchoir et on faisait passer de main en main, jusqu'au commandant de la compagnie, le paquet d'ordinaire ensanglanté. Le cadavre ne pouvait être enlevé de jour ni même placé en dehors de la tranchée, car on aurait attiré l'attention de l'ennemi ; aussi jusqu'à la nuit, il demeurait à sa place entre les vivants.

« Quand l'obscurité était venue, quelques camarades du mort allaient faire une fosse à la lisière du bois et l'y portaient ».

Tel est le ton, celui d'un narrateur juste et discret, qui voit, qui observe, qui ressent et qui garde la maîtrise. Sur ce que pouvaient endurer les héros obscurs d'un temps de gloire, une petite phrase : « les souffrances étaient grandes » ou bien : « le temps resta presque constamment pluvieux et froid. Ce furent pour le régiment des jours de grande fatigue. L'ennemi se trouvait à petite distance ». Mais quels commentaires en diraient plus que ces phrases courtes et feraient au cœur le même chemin ?

Cependant, au bout de huit jours, ce régiment, excédé de privations, de fatigues et de maux, fut relevé. Les nouveaux occupants manquaient-ils d'expérience ou d'information, montrèrent-ils une sécurité imprudente, ou plus simplement un fléchissement local amorça-t-il, de proche en proche, une offensive générale? Ce qui est certain, c'est qu'en quelques instants, tout ce secteur furieusement attaqué, prit feu.

Les Allemands « s'avancèrent dans les premières clartés indécises du jour, à ce moment où les formes des choses sont encore toutes mêlées et où d'autre part, il est plus difficile de résister au sommeil ». Les troupes qui descendaient, exténuées et fiévreuses, se refaire au village de Roche, durent revenir sur leurs pas et parer à l'attaque. Mais alors « plutôt ranimées qu'abattues par ce nouveau et pressant péril, irritées aussi d'avoir vu perdre en un clin d'œil des positions qu'elles avaient précieusement gardées, avec un grand courage (elles) s'élancèrent derrière leurs chefs pour reconquérir les crêtes ».

Elle fut sanglante cette journée du 2 septembre 1914. Il suffit, pour s'en rendre compte, de se reporter au dénombrement des effectifs, dont Clermont fait un tableau court, après avoir relaté les péripéties d'une lutte difficile sous le taillis des pentes, dans l'enclave des chemins creux ou sur cette route de Port-Fontenoy à Fontenoy où les obus tombaient comme une foudre continue.

Là, il montre quels étaient les chefs : le commandant Maillard, le chef de corps, qui, séparé de

ses unités, sans liaison possible, un moment resta
seul avec sept hommes et ne put réussir à exécuter
son plan ; cependant, « il ne se plaignait de nulle
autre chose que de ne pas combattre ». Le lieutenant Florent, traîtreusement blessé, qui refusa de
se laisser soigner avant d'avoir rempli une mission
que la mort, au dernier moment, l'empêcha d'arti-
culer. Le capitaine Jolivet, qui voulut franchir à la
tête de son bataillon la route balayée de mitraille :
« il reçut dans chacune des jambes, à la même hauteur, un peu au-dessus de la cheville, une balle qui
lui cassa les os ; il tomba ; malgré sa souffrance il
se traîna sur les mains et les genoux vers le bord
opposé du chemin. Dans le village, les soldats
hésitaient ; ils n'osaient franchir cette route où la
mitraille crépitait en faisant voler les cailloux ; le
capitaine, gisant de l'autre côté, tàchait de se sou-
lever sur une main, et avec l'autre il leur faisait
signe d'avancer ».

Là, il montre quels étaient les soldats. Beaucoup
« qui arrivaient des dépòts et qui voyaient les Allemands pour la première fois, étaient peut-être plus
acharnés que les autres dans leur animosité... Malgré l'inévitable confusion des unités et les regrou-
pements de fortune, les officiers remarquèrent en
cette circonstance combien les soldats, à peu près
livrés à eux-mêmes, déployaient d'intelligente acti-

vité, se portant à propos aux endroits menacés, choisissant avec discernement les points d'où leur tir serait le plus efficace, enfin s'adaptant spontanément aux besoins de la défense ». Et cependant, la nuit venue, ces hommes devaient encore lutter « de leur mieux contre une fatigue qui dépassait leurs forces ; certains, envahis par le sommeil, tandis qu'ils se tenaient debout, le fusil posé au bord de la tranchée, tombaient tout à coup sur le sol ».

Là, il montre quels étaient les Allemands qui se rendaient, « dociles à l'excès », et les blessés de la ferme de Confrécourt dont la défense fut un épisode héroïque et décisif de cette journée. Au moment où le plafond s'écrasa, ces malheureux tentèrent de s'enfuir. « Beaucoup avaient des blessures qui ne leur permettaient que de se traîner à peine, ou leur rendaient chaque mouvement atrocement douloureux ; cependant tous ceux qui le purent s'élancèrent en troupe par la porte, ils se dispersèrent dans les cours et poussaient des cris affreux. Blancs de la poussière des plâtres effondrés, sanglants, plusieurs entièrement nus par ce qu'on les avait déshabillés pour les panser, ils remplissaient tous les combattants de pitié et d'horreur. »

Enfin, après une revanche exultante de l'artillerie française, l'ennemi dessine un mouvement

général de repli ; le temps redevient très beau ;
quelques escarmouches éclatent encore ici et là,
mais le plateau est atteint, reconquis et réoccupé.
Pourtant cette reprise, doit se faire au milieu des
cadavres dont il faut au préalable débarrasser les
tranchées, « affreux travail pour lequel beaucoup
qui avaient vaillamment combattu manquaient de
courage ».

Néanmoins, le soleil revenu, tout le monde tra-
vailla avec entrain. « Le commandant Maillard fit
rechercher et relever les morts qui se trouvaient
aux alentours ; on creusa aussi pour eux une fosse
an bord du bois, non loin des tranchées que se faisaient les vivants.

« Sur ce seul point du plateau gisaient une tren-
taine de cadavres français convulsés et sanglants.
Par ce matin calme et clair on circulait, on se promenait au milieu d'eux avec cette sorte d'indifférence que la guerre amène très vite. C'était pourtant bien à ceux dont les jours s'étaient terminés
là qu'on devait de fouler ce sol reconquis ; on ne
l'ignorait pas, on savait que leur sacrifice était sans
prix, et appelait quelque apothéose future et gran-
diose.

« Le drapeau fut planté et déployé sur le bord de
la fosse tandis qu'on apportait les corps. Quand on
les eut couchés côte à côte, le commandant Mail-

lard fit sortir en armes de sa tranchée la compagnie la plus proche. Elle rendit les honneurs. Tout le régiment assistait à la cérémonie au bord des tranchées ».

Que voilà « le beau grain solide, qui caractérise l'art et la pensée classiques » !

Nous admirons d'abord comment Clermont se retrouve en cette confusion. Les faits surviennent dans une dépendance calculée qui atteste une technique soumise à l'ordre. Cela se lit sans carte, tant les lieux, l'atmosphère et les gestes, tout s'ordonne simplement et revit sous les yeux ; une carte ajoute à peine à l'intelligence de l'affaire ; la vue même du terrain ne fait qu'imager la vérité du récit. Récit rapide, précis et plein, d'une concision nerveuse, d'un relief saisissant où l'émotion jamais recherchée transsude sous le texte. La guerre qui a suscité tant de livres en a retenu très peu. Celui de Clermont survit par ce que le conflit y est visible et sensible, et que, restant une œuvre littéraire, il garde la force d'un document. Et puis, par dessus ces petits tableaux si nombreux en quelques pages, ne cesse de planer, comme la basse sourde d'un lointain obus, le dialogue de l'âme avec le démon de la guerre.

Ce ton jamais forcé du témoin qui dit vrai fait penser à Joinville. A cette différence près que Cler-

mont qui est bien en quelque sorte, lui aussi,
« la matière de son livre » écrit avec un tel souci
de l'objectivité qu'il n'apparaît nulle part. L'art
lui-même, « étrange et lassante parure qui s'éva-
nouit au son des canons », l'art cède le pas à la
sobriété noble et ardente d'un qui tient une plume
ferme parce qu'il se tient déjà lui-même au-dessus
des événements. Dans l'œuvre de Clermont, si
dépouillée de romantisme, si soigneuse de « ne
pas ajouter aux choses par l'expression, ne pas
chercher à éblouir », ce récit de guerre est d'une
nudité qui rend sa perfection plus sûre et lui confère
une sorte de gravité étale.

*
* *

Plus de dix ans sont passés et ces lieux n'ont pas
encore retrouvé le visage de la paix. Sous un avril
frileux, pointillé de feuilles tendres et de fleurs
incertaines, dans la blanche folie des cerisiers sau-
vages, ils se parent sans doute des couleurs du
réveil. Des frissons de printemps venus des profon-
deurs de la terre font passer sur eux je ne sais quel
souffle de résurrection puissant et secret qui va
combler de faveurs les corbeilles de la vie et réjouir
la chair des berceaux. L'Aisne au pied des côteaux,
roule des eaux placides, et quand des semis légers
ne commencent pas à égayer le sol, ce sont partout

des couples de chevaux gaillards tirant sur de beaux espaces bruns la herse ou le brise-mottes. L'alouette de France exulte sur des sillons bien dessinés.

Mais la nouveauté un peu hâtive des maisons détonne avec l'ancienneté de la terre. Ici et là, des scieries se sont installées pour l'exploitation des bois mitraillés que l'on arrache avant de leur substituer de nouveaux plants, et l'on voit tout autour des levers prétentieux de toitures à pignons. Ambleny se refait dans ses vergers chantants, mais le village garde partout des cicatrices; des maisons retentissent encore du bruit des marteaux, des toitures bayent au ciel, un mur tout neuf s'emboîte dans un mur meurtri qui montre ses trous, un toit fleuri de tuiles claires s'ajuste comme une greffe à un bâtiment usagé... Fontenoy, plus luisant de moellons et d'ardoises, n'a pas encore d'église. La vieille cloche est dans la rue, entre deux montants de bois, sous un pauvre bâti. De là, elle convie le peuple vers une salle basse et encore provisoire où l'office est célébré par un prêtre qui va de village en village.

Encore sur ces rives molles y a-t-il de la vie. Mais, par delà les taillis qui frisent sur les pentes, quel vaste champ de méditation! L'opulente ferme de Confrécourt, qui fut d'abord un monastère, dresse, au bord d'une échancrure comblée de verdure folle, les hautes assises angulaires dont le temps ni l'obus n'ont pu avoir raison. Et ces ruines sont tragiques. L'herbe sauvage y a fait sur les terre-pleins une telle conquête qu'elle semble y régner depuis toujours. Et au milieu de ces pierres jaillies comme des cris, un chêne ravagé, un vieux chêne noirci dont il ne reste que le fût, jette en tous sens les moignons courts d'un accusateur impuissant.

Qui l'entendrait sur ce plateau de Nouvron qui n'est que silence et nudité? Aux boqueteaux d'alentour, le soleil joue encore dans la jeune feuillée mais sa magie s'arrête-là, en marge d'un espace dont la seule vue rend grave. Sur le liseré des chemins, le pied heurte une culasse rouillée, une cartouchière moisie, un vieux bidon, un ramas épineux de fils de fer, tout ce que la terre n'a pu digérer. Les trésors de chair, elle les garde. Combien sont-ils....? Le regard plonge obstinément dans cette glèbe qui s'enfonce toujours pleine, et il se relève chargé d'images. Chers morts, il n'y a qu'une dizaine d'années, et déjà, nous pensons à vous comme à des êtres fabuleux! Cependant, en ces lieux qui ne sont qu'un cimetière, en ces lieux où l'on devrait venir en pèlerinage, rien ne parle de vous, pas même ceux qui continuent de vivre, qui respirent chaque jour vos essences invisibles, et dont l'oubli, comme celui de la nature, est si rapide!

Nous n'allons pas laisser Clermont sur ces premiers combats. Accompagnons-le au contraire et soyons avec lui jusqu'à la fin !

Le sergent qui écrivit *le Passage de l'Aisne* devint ensuite adjudant de bataillon, puis sous-lieutenant au 67ᵉ d'infanterie. Quand l'occasion lui est offerte d'accéder à un grade plus élevé, il choisit, c'est le mot, avec un sens très réel d'abnégation, il choisit, entre deux grades et par conséquent entre deux postes, celui qui comporte plus de risques. C'est un homme qui est en lice et dont l'heure tire au jour les richesses latentes.

Cependant, si égal qu'il fût à lui-même, le penseur replié et grave s'est mué en chef responsable. Ses proches le répètent : il a grandi, il s'est acquis une taille nouvelle, il y a en lui une assurance virile qui n'apparaissait pas. Et cela encore ne doit point surprendre : ils sont certes angoissants les problèmes de la destinée, mais l'homme qui est aux prises avec eux n'engage que lui. Le sentiment inévaluable de sa responsabilité n'intervient qu'au moment où il va poser une solution que vont peut-être embrasser des milliers d'âmes obscures. A la guerre, être un chef, c'est donner à plusieurs un ordre dont peut dépendre aussi le salut ou la mort. Mais c'est cela qui éveille en l'homme une conscience plus claire, c'est cela qui développe la tenue morale à laquelle Clermont ajoutait un tel prix qu'il y revient plusieurs fois : « ne pas avoir d'autre témoin que soi-même et se bien tenir ». On pouvait donc lui confier un commandement, il saurait en user. Au surplus, il se faisait de sa fonction une idée nette : « Rien de noble et de grand comme un vrai chef militaire qui se sent responsable de la prodigieuse autorité mise entre ses mains, mais quel dégoût quand ce n'est qu'un moyen de l'égoïsme » !

Ce dégoût, nous savons qu'il eut à le surmonter et que l'occasion ne lui manqua pas d'être à l'égard de certains le juste juge. L'un d'eux « a imaginé, le soir, de dîner dans le jardin qui est devant sa maison ; ce jardin est petit, et c'est par là que se fait toute la circulation avec la première ligne ; c'est-à-dire qu'à côté de nous passent constamment soldats allant ou revenant, corvées de travailleurs partant piocher pour toute la nuit, sapeurs qui vont faire des mines, épuipes de porteurs de matériaux, etc., ils frôlent presque notre table qui est actuellement très bien servie ; eux n'ont pas de table, ils mangent hâtivement dans une gamelle au coin d'une tranchée. Dîner là me cause une gêne extrême. Ajoute qu'on a déniché un phonographe

dans les environs, que dîner en musique est pour
cet homme un suprême raffinement de luxe qu'il
ne veut pas se refuser. On installe donc le phonographe sur une table verte à côté de la nôtre, et
monologues, valses, quadrilles, grands airs d'opéra
se succèdent sans interruption pendant tout le
temps que l'on mange. Et défilent aussi les pauvres diables fatigués et chargés. Heureusement, il
y a, de temps en temps, des coups de canon qui
donnent un peu d'espace ».

Pour lui, souci de la justice, souci du bien-être,
souci du moral, souci de la joie, respect de la personnalité, tout le rapproche des hommes et du
commun patrimoine. La guerre a eu sur lui cette
merveilleuse influence qu'elle a rompu une solitude
où il s'enfermait avec autant de volonté que de
volupté.

Après avoir stigmatisé l'infamie de l'Allemagne
— qu'il avait aimée ! — dénoncé le « héros au
regard dur de Nietzsche », et découvert ce « quelque
chose de primitif que la civilisation n'a pas altéré »,
il se tourne vers les hommes de chez nous « déta-
chés et sachant si bien mourir ». Il ne célèbre pas
seulement leur endurance et leur mordant, il ne
se contente pas de noter : « il y a plus de courage
que dans l'antiquité », il descend dans les transes
de leurs chairs, il se fait l'âme de ces âmes, il

entre enfin dans la communion des êtres, et il
pense : « on ne dira jamais assez le martyre de
ceux qui se sont trouvés aux lieux célèbres et difficiles de cette guerre ; il faut un sacrifice de soi qui
dépasse tout ce qu'on a pu voir, l'acceptation de la
mort, l'attente de cette mort d'un instant à l'autre,
ou pis encore de blessures épouvantables, dans des
conditions d'horreur, nuit, incendie, explosions,
asphyxie, fatigue, sans repos, sans vivres, dans la
boue, sans abri. L'arrivée formidable des obus, la
perspective constante d'être mis en pièces ; horreur
tragique, la vue des cadavres... et cependant tenir.
Un spectacle comme on n'en a jamais vu, un
péril comme on n'en a jamais connu, un bruit
comme on n'en a pas entendu. Debout au milieu
d'une catastrophe, attendant un danger plus grand
encore ; cela des jours et des nuits... c'est presque
de la sainteté ! ».

Ce mot revient souvent sous la plume de Clermont. Il est vrai que, se plaçant lui-même de plus
en plus au-dessus du drame, il acquiert peu à peu
une plénitude d'âme dont il note d'abord le progrès
puis le bienfait. Sa sœur remarque, en rapprochant
deux photographies, la première et la dernière,
celle d'Emile à cinq ou six ans et celle du sous-
lieutenant dans les bois couverts de neige, que les
traits reflètent le même apaisement.

En effet, il restait à l'humaniste à se dépouiller jusqu'à l'humain.

Jusqu'ici, sa sensibilité est restée voilée et pudique, dans la trame ; la sensibilité de celui qui sut rendre « Isabelle » fautive si sympathique sans la plaindre ; maintenant, elle se hausse comme une fleur lumineuse. Et c'est surtout dans les lettres à ses proches, lettres inédites, qu'on la respire, exquise : « l'idée de me retrouver un jour au milieu de vous me paraît si belle et douce que c'est à peine croyable... Actuellement c'est une douceur et un luxe en même temps qu'un affectueux souvenir de vous... » Il a besoin de le faire savoir aux autres : « j'ai reçu de la tante Louise un tricot bien chaud qu'elle a fait elle-même... la tante Louise m'a envoyé une tarte ». Et cette sensibilité a beau se manifester à l'occasion d'un tricot ou d'une tarte, comme on la sent immatérielle! Il n'y a pas de plainte dans ses lettres. Depuis son arrivée au front jusqu'au 7 octobre, il n'a pas quitté ses chaussures ; il a couché sur la terre jusqu'en février ; il note, ici et là, les petits avantages qu'à la faveur de jours moins durs, grapille le soldat en campagne, mais tout cela avec une sorte d'idéale indifférence qui se tient à haute distance de lui-même et des choses ; « je ne m'amuse pas du tout, je ne m'ennuie pas non plus, je prends tout cela très bien avec une patience accomplie ».

Il prend tout cela fort bien quand il s'agit de lui parce qu'il le prend fort mal quand il s'agit des autres. Quand je lis dans son carnet : « lumière sublime, grandeur sublime de la guerre », j'entends que, voyant autour de lui ce que sont la fatigue, la souffrance, la mort, mesurant l'échelle des maux, ce chef ne voit autour de lui qu'une magnifique floraison de vertus, et que son cœur, largement humanisé par la guerre, oublie son cas infime pour celui d'abondantes victimes. Maintenant, il n'est plus seulement accessible à la bonté, il veut s'y abandonner ; il n'est plus seulement capable d'une pitié qui le déchire et le brise ; elle est un échelon nouveau dans le sens de son élévation : « condamner la pitié est absurde ; la faire l'idéal de l'humanité et le premier des sentiments a des conséquences lâches et abominables. Lui faire une place à part c'est encore très peu. (Il faut) la sentir illimitée et la borner par des fins qui ne la contredisent pas ».

C'est pourquoi, le 5 mars 1916, si proche de la mort, cette mort « familière ; sans importance » ; cette mort cependant « aux ailes déployées large comme le ciel », dans sa dernière lettre, il écrit : « On ne voit pas la fin... j'ai horreur de ces tueries, la pensée de ne plus y assister me causerait une joie inexprimable ». Il avait conscience d'avoir

« fait tout ce qui devait être, ni baissé, ni enfui,
ni fléchi, pas de violences d'ailleurs... » Et il médite *In memoriam*, et comme le héros de ce roman
futur qu'il n'écrira pas est son interprète, comme
Emile et Maurice ne sont qu'une même figure, il
est facile de le suivre à travers ce dédoublement et
de souligner ses progrès en « indulgence, bienveillance et bonté ». « Au contact de cette humanité
« précieuse en soi », Maurice comprit que l'exemple
le plus sain n'est pas celui du désordre et de la
souffrance, mais celui de la joie... et ce fut la fin
des tragédies ».

Alors penché sur ses hommes, il est celui qui
aide à vivre et à mourir, celui qui aide à supporter la douleur par sa présence. Il est aussi celui
qui s'agenouille et qui soutient la tête de Vivien
lorsque Vivien appelle son frère d'armes : « aimer
les derniers secrets, les lourdes confidences, les
secrets extrêmes, les âmes qui se penchent pour
dire les choses ultimes, encore plus loin, plus graves, plus générales, engageant l'univers ». Mais
celui qui se courbe ainsi s'élève d'autant plus au-
dessus de ces sourdes agonies qu'il n'est plus
« comme celui qui ne sait pas, mais comme celui
qui sait et qui peut consoler ».

La guerre, qui rendait à l'homme son équilibre

moral, ne laissait pas d'enrichir et de féconder l'artiste.

L'art lui-même est d'abord pour Clermont une préoccupation bien enfouie. Cependant, malgré tout, sensible aux nuances de l'air, au charme ou à l'ordonnance d'un paysage, un cher souci le ramène au jardin délaissé; on y trouve moins de plantes amères qu'autrefois et les fleurs y ont un parfum plus secret.

Tout cela se tient d'ailleurs : en se rapprochant des hommes avec lesquels il assure aux avant-postes la chaîne de résistance, le sentiment ne l'abandonne pas qu'il lutte pour une France gardienne des plus beaux joyaux de l'esprit, et que lutter pour son indépendance spirituelle, c'est vouloir maintenir son sel à la terre. De la France, patrimoine héréditaire, il ne parle jamais qu'avec une fierté chatouilleuse : « on a exploité le courage de la France contemporaine pour dire que la France était amollie, affaiblie, énervée, mais que le passé se réveillait. Thème agaçant; la France n'a point été transformée par l'épreuve et ramenée vers le passé, elle s'est montrée ce qu'elle était ».

Clermont reste donc toujours attentif à l'œuvre qui ne cesse de se reformer en lui, mais cette œuvre désormais portera l'empreinte d'un nouveau creuset.

M. Brun qui dirige les éditions Bernard Grasset
et qui entretient vivant, en lui comme autour de
lui, le souvenir de Clermont, a bien voulu nous
communiquer quelques lettres; lettres brèves, lettres de soldat, mais qui montrent l'écrivain en
liaison avec son éditeur et qui se préoccupe d'en-
gager l'avenir. « Je n'ai pas renoncé à mes anciens
projets, lui écrit-il, le 23 février 1915, quoique je
m'efforce pour le moment de n'y guère songer ». Le
6 novembre de la même année :

Mon cher Brun,

J'ai reçu votre carte hier et je m'empresse de
vous répondre. J'ai changé de régiment; voici mon
adresse : sous-lieutenant 67ᵉ de ligne, 10ᵉ compagnie; je me suis toujours bien porté et n'ai pas eu
la moindre égratignure. Je suis content de mon
nouveau régiment; i'y suis exposé peut-être plus
que dans le premier, mais dans l'intervalle des
périodes critiques la vie est moins désagreable...
Je n'ai rien fait depuis la guerre; cela ne vous
étonne pas ; ou point de loisir ou des conditions
matérielles trop défavorables. J'avais pourtant à
Soissons forgé un sujet que j'ai l'intention de
traiter, si possible. J'espère que nous nous retrou-
verons à ce propos. Recevez mes excellents souve-

nirs et faites mes amitiés à Grasset. On se rouille bien ; on se gâte la cervelle... »

Puis, le 2 mars 1916, il le remercie, par un court billet, de lui avoir envoyé quelques livres, et il ajoute : « plus de permission : je ne sais quand je pourrai retourner à Paris. »

C'était quatre jours avant sa mort.

Le projet auquel Clermont fait allusion est celui d'*In Memoriam* dont nous avons au moins la trame substantielle. Plus dégagée des clairs-obscurs du sentiment où se tient le reste de son œuvre on y sent la poussée du ferment spirituel. C'est encore un bienfait de la guerre, mais Clermont était tout apte à recevoir cet influx ; dans une lettre écrite à Montaigu-le-Blin et datée du 20 décembre 1911, il fait à Bernard Grasset cet aveu :

« Pour ce qui est du prix Goncourt, certes je suis loin de le mépriser, mais je crois impossible qu'il me soit attribué.

« J'espère que le livre sera bien, et d'autre part, je puis dès à présent garantir qu'il peut être mis entre toutes les mains : c'est même un livre pour jeunes filles. Mais c'est en même temps un livre intellectuel, si j'ose dire de haute intellectualité, une histoire d'âme et en grande partie une histoire mystique. A ce point de vue, je doute qu'il puisse plaire à un grand public ; surtout immédiatement.

Et, d'autre part, je suis presque convaincu qu'il ne peut plaire au jury Goncourt qui fait trop voir par ses choix, et par ses propres productions, qu'il n'aime que les histoires brutales. Je peux être assuré à l'avance de n'y être pas compris ».

A ce mysticisme de la paix, il allait ajouter, s'il avait vécu, le mysticisme de la guerre. Qu'aurait-il fait ? Des œuvres solides encore, aussi métaphysiques, plus humaines. Il aurait été capable de dégager de cette tragédie, — ce qui n'a pas été fait — le puissant symbole. Nous avons à ce propos, dans son carnet encore, une précieuse confidence : « dans les livres d'avant la guerre ou n'ayant pas subi l'influence de la guerre, il manquera une marque, il manquera le sens de ce qui est vraiment important, de ce qui est le vrai tragique, de ce qui est grave, essentiel ». Ses premières œuvres, qui, sans dédain d'ailleurs, se tiennent à une certaine distance du public, ne s'en seraient peut-être pas rapprochées, mais c'est un public de plus en plus nombreux, qui, subissant l'aimant d'une âme forte, de plus en plus serait allé vers lui.

*
* *

Clermont a-t-il vu l'après-guerre ? Au début, il s'est trompé comme nous tous, et il a, comme nous tous, trop espéré. Il a cru d'abord que l'avenir

laisserait « moins d'angoisse dans la vie courante...
moins de misérables tourments » et qu'il fallait
peut-être « tout ce sang pour que naquit dans
l'univers un nouveau droit. » Mais peu à peu, il
voyait le mur d'airain s'épaissir, il sondait une
misère « sans bornes », il constatait l'endurcisse-
ment irrémédiable de certains, et il se reprenait :
« on dit trop : nous bâtirons une maison nouvelle
libre des mauvais songes du passé ». Sa lucidité
habituelle l'avertit, dès 1916, que « non, ce n'est
pas cette splendeur, ce ne sera pas cette aurore ».
Et il voit surgir du champ immense des renoncements, les spectres hideux de l'égoïsme et de l'in-
justice, plus hérissés que des baïonnettes; il sent
venir l'ère des profiteurs et des baladins.

Contre eux, il appelle « une sage restauration du
principe d'autorité », il reconnaît « qu'il y aurait
plus de grandeur, malgré les apparences, à revenir
simplement aux choses interrompues ». Le calme
qui s'est fait en lui plane sur ses pensées. Il sait
maintenant que « la vie supérieure serait d'aider à
la vie », et il meurt. « Arrivé à l'âge d'action et de
vie pleine, il faut, plus que jusque-là, réaliser;
alors mourir... générosité partout même dans la
mort ».

Depuis quelque temps, il était affligé d'avoir
perdu quelques hommes à l'exercice d'un lance-

ment de grenades. Le jour même de sa mort, le 6 mars 1916, averti par des pressentiments, il se retrancha de ses camarades, il mangea seul. Tout à coup, la tranchée qu'il est chargé de maintenir est violemment bombardée. Redoutant une attaque, il sort, il va de l'un à l'autre, comme il avait pris l'habitude d'aller, « de guetteur en guetteur, à la fin très lassé ». Il ne pense qu'à la ligne dont il a la garde et aux hommes dont il a la charge. Il s'oublie. Mais au moment où il veille à ce que chacun des siens soit à l'abri, un obus lui emporte la tête.

Ses chefs ont écrit de lui :
« C'était un modeste... »
« Son courage tranquille et si vrai... »
« Il donnait l'exemple d'un vrai et digne chef... »
« Le sous-lieutenant Clermont est tombé noblement... »
Et son commandant, parlant à Barrès, disait « avec quel courage et *quelle amitié* pour ses hommes Clermont avait tenu dans des conditions difficiles ».
Ces témoignages pourraient être gravés dans la pierre.

.˙.

On peut dire de Clermont ce qu'il a dit de

Péguy : « transformé au jour de sa mort ». Il voulait écrire *Ce qui est le plus haut*, « quelqu'un qui
sait plus haut que moi et qui s'achève en une sorte
de sainteté ». Je ne puis lire ces mots sans les lui
appliquer. Cette ascension consciente et toujours
modeste d'un penseur de haute race que la guerre
avait fait soldat, puis officier, ne retombe pas sur
le plan terrestre ; elle s'épanouit et elle demeure
au-dessus du royaume des tombes. Le mouvement
de cette âme achève ailleurs son plein vol. Lui-
même, aux époques douloureuses du tâtonnement
et du doute, ne disait-il pas après la mort de son
père : « que serait la vie sans la mort, avec la
lumière qu'elle projette sur une autre existence »?
Clermont est un de ces rares jeunes hommes, qui
ayant touché quelques sommets de la connaissance,
ont atteint plus haut le sommet de l'Amour.

Je ne l'ai pas connu. Tout au plus me souvient-
il de l'avoir croisé dans les corridors gris de la
Préfecture de la Seine. Enfants, peut-être avons-
nous joué non loin l'un de l'autre sur cette grande
place de Saint-Etienne, la seule oasis stéphanoise
qui laisse croître vers le ciel souvent enfumé et
morne de notre ville, de beaux arbres, réfléchis au
miroir peu profond des bassins. Si je n'ai parlé de
lui qu'avec émotion c'est qu'il y a plus pour moi
que la haute pensée d'honorer un écrivain de mon

pays, un sentiment fraternel me rapproche de lui.
Mais j'ajoute que ce sera le sentiment de tous ceux
qui le lisant, ne feront que cheminer à son côté,
recevant de sa voix de graves résonances. Encore
qu'il eût cette distance aristocratique de l'esprit
qui le rendit lointain ou moins pénétrable, à travers toute son œuvre et jusqu'en sa survie,
Clermont sera toujours une âme qui a besoin
d'être comprise. Après l'avoir beaucoup lu et
naturellement beaucoup aimé, on sent à travers
soi la requête de cette âme !

Avril 1927.

ÉMILE CLERMONT
Le romancier

PAR

JEAN TENANT

Les personnages d'Emile Clermont sont doués
d'une vie intérieure qui les retranche de leur milieu.
Sociables et simples, extérieurement du moins,
affectueux et tendres, ils sont voués à un irrémédiable isolement.

La nature qui les entoure, ni les êtres qui les
approchent, ni les circonstances qui les pressent,
ne les façonnent, ne les transforment, ne les mar-
quent profondément. C'est peu de voir en eux des
caractères : dans toute la force du terme, ce sont
des âmes, avec tout ce que cela signifie d'indépendance et de responsabilité.

Ils sont humains, sensibles, mais lucides. Leurs
fléchissements, leurs abandons, leurs faiblesses
représentent chez eux la part de la chair, dont ils
acquittent le tribut en regrets, en sacrifices, en larmes, sans accuser la vie ni les pièges du sort, sans
se couvrir surtout d'excuses mensongères. Dans
les rigueurs du mystiscisme, comme en plein désar-

roi du cœur, voire au milieu des pires abus de l'intelligence, qui conduisent au bord du crime, ils se
tiennent en mesure de voir clair en eux-mêmes et
de se juger sans complaisance.

Isolés, indépendants, responsables, lucides, ils
jouissent d'une bonne conscience, pour employer
le mot que l'on retrouve dans les inédits d'Emile
Clermont. Pour ce scrupuleux, en effet, la bonne
conscience en art consiste à ne point s'abuser sur
l'étendue de son savoir et à ne jamais tâcher de
faire illusion sur ce point. Les héros de Clermont,
dans le domaine moral, satisfont pleinement à la
double exigence de cette définition : ils se connaissent, ils se jaugent et ne cherchent pas à se tromper ni à tromper sur leur propre compte. Ce qui
ne veut pas dire qu'une *bonne* conscience soit une
conscience pure ou tranquille, mais claire, point
faussée, — il faudrait pouvoir écrire : en bon état
de fonctionnement.

Au vrai, le contraire du romantisme.

Ils ne sont pas individualistes, comme pourrait
le croire un observateur superficiel. On les voit
osciller de la vie intérieure au monde environnant,
sans cesse ramenés à eux-mêmes par une force
invincible, à l'écart du bonheur facile et de la paix
selon la chair.

Autant que Laure, autant que le héros d'*Amour*

Promis, Isabelle elle-même, la plus faible des trois,
renonce à se sauver aux yeux du monde et à défen-
dre son amour, plutôt que de déchoir à ses propres yeux en tuant sa personnalité :

« Visiblement, elle ne faisait rien de ce qui, au
« milieu des incertitudes d'Albert, aurait pu sauver
« sa situation et rétablir leur union menacée. Elle
« eût pu, je crois, le dominer, le gouverner, et par
« des paroles de tendresse et de raison le retenir
« près d'elle peut-être définitivement. Mais elle était
« trop fière pour s'appliquer à garder ou à conqué-
« rir son affection ; elle dédaignait de prendre un
« tel soin parce qu'elle se sentait supérieure à lui ;
« et puis peut-être aussi ne l'aimait-elle pas assez
« pour vouloir son amour à tout prix. Elle se reti-
« rait d'une lutte humiliante. L'hésitation même
« d'Albert l'offensait, la rendait hautaine et glacée.
« Cependant, s'il s'éloignait, elle le regrettait vio-
« lemment, elle pensait avoir tout perdu... »

L'oscillation, toujours, jusqu'au renoncement
dernier. Ainsi peut-être la faible Isabelle nous livre,
tout aussi clairement que le dur séducteur d'Hélène
(*Amour Promis*), le secret des héros d'Emile Clermont, l'origine de leur tourment : une personnalité jalouse et tyrannique.

Il y a de beaux paysages dans les romans de
Clermont, paysages d'une rare puissance d'évoca-

tion. Le romancier ne leur reconnaît cependant point le privilège de façonner les âmes. (C'est à Rive-de-Gier, terne petite ville, que se déroulent les premières scènes de l'aventure sentimentale, si tragiquement close, de l'infortunée Hélène Véière). Tout au plus leur accorde-t-il de conserver le souvenir mystérieux des luttes et des souffrances dont ils ont été les témoins. Les premières lignes de *Laure*, d'un si bel accent barrésien — je dis bien accent, non esprit — préviennent toute confusion :

« Il faut avoir parcouru la monotonie de pays
« sans passé et dénués d'histoire, pour connaître
« l'inestimable prix des souffles spirituels flottant
« dans les lieux qui ont porté de nobles événements.
« De tels endroits signalés par le souvenir de quel-
« que haute circonstance de vie humaine semblent
« pénétrés de mémoire et de sens et comme revêtus
« d'une clarté légère. Au sortir de longs décors
« vides, de paysages ternes, évocateurs d'exis-
« tences vulgaires, ils accueillent avec un visage
« d'amitié. Il n'est pas nécessaire que des princes
« aient entrechoqué là leurs armées ou que des
« destins de royaumes s'y soient décidés : un sim-
« ple drame intime peut avoir été assez marqué de
« grandeur pour jeter sur les lieux qui l'ont vu ce
« reflet de beauté immatérielle. »

Après la description du pays, ces simples lignes

pour clore le chapitre qui vient de « situer » le roman :

« Tels sont les lieux où se déroulent les événe-
« ments de ce récit... Les drames des destinées de
« l'âme se retrouvent dans leur fond à peu près
« identiques en tous les endroits du temps ; ils ont
« par eux-mêmes quelque chose d'immobile et
« hors de la durée. Cette histoire est presque sans
« âge et sans date, elle pourrait s'être accomplie
« il y a deux siècles, et c'est à peine s'il s'y trouve
« un certain frémissement qui la fait d'aujour-
« d'hui ».

Bien que très précisément situés dans le temps et dans l'espace, les personnages de Clermont ne sont pas plus soumis à l'atmosphère du siècle qu'aux influences de la terre. Ils en sont touchés, ils en jouissent, ils en souffrent, recevant d'elles des images apaisantes ou douloureuses, mais il en est de cela comme des affections humaines où ils sont engagés plus ou moins fortement : leur individu seul y est intéressé, la partie sensible de leur être, et non l'hôte mystérieux, l'esprit libre et profond, constamment en défense, qui compose leur personnalité, — leur « soi », dirait M. Daudet.

C'est par là que Clermont se sentait, j'en suis sûr, en désaccord avec Barrès. Il devait réagir au plus intime de sa pensée contre l'ombre même du

déterminisme, et le « naturalisme » barrésien —
on voudra bien prendre ici le terme dans l'acception
la plus modérée — le devait inquiéter dans la
mesure où il entreprenait sur la liberté de l'âme.
Des histoires d'âmes, tels sont les romans de Clermont. Des histoires d'âmes libres, d'âmes nues.

Mais à ce point d'isolement, comment ne pas
s'apercevoir que se pose le problème de la prédestination ? Ce n'est pas par hasard ni sans raison
qu'Emile Clermont — dont une lecture attentive
a vite fait de nous convaincre qu'il n'a glissé dans
ses romans aucune page inutile — a mis dans la
bouche de la sage et pure Geneviève les propos
que rapporte Isabelle :

— « Aussi la voyant supérieure et plus haute, je
« me suis étonnée parfois qu'elle m'eût donné son
« amitié ; et comme un jour je lui demandais pour-
« quoi elle m'avait ainsi préférée, elle me répondit
« que c'était parce que j'avais une âme libre et
« mobile, que c'était là une chose très rare et le
« bien le plus précieux. Elle, comme moi et mes
« autres compagnes, nous étions persuadées que
« nos destinées étaient écrites au ciel, — ou le
« monde ou Dieu, — et nous cherchions en nous
« les signes de la vie pour laquelle nous étions
« nées. Elle me disait donc une fois que, tandis
« que pour un grand nombre de personnes, un tel

« choix est de peu de prix et même souvent de peu
« de sens, parce qu'elles ne disposent que d'une
« faible partie d'elles-mêmes, — pour moi, au con-
« traire, la vie de mon âme dominerait ma vie,
« qui était véritablement à donner, et appartien-
« drait toute à son destin ».

Page faite pour augmenter nos regrets de l'état
d'inachèvement où le romancier a laissé cette
Histoire d'Isabelle. A quel destin sublime, en dépit
de sa chute, était promise l'âme de celle que nous
voyons, après l'abandon d'Albert, consentir d'avance à un pire avilissement ? « Je serai riche... j'aurai
de l'or tant que je voudrai ».

Prédestination ou vocation... l'âme, qui se sent
libre, peut-elle se rebeller ? Chacun des trois
romans d'Emile Clermont, par des chemins différents, nous conduit au seuil d'un même mystère.

Pourquoi le héros d'*Amour Promis*, après avoir
demandé « plus que la vie » à Hélène, ne peut-il *se
donner* enfin ?

« Il fallait donc qu'il y eût dans notre amour
« une cause de discorde essentielle, un mal plus
« profond que nous-mêmes ».

Pourquoi Laure ne peut-elle approcher les simples joies de ce monde sans y porter le trouble, elle
qui est tout sacrifice, toute douceur et toute charité ?

— « Ce que moi-même j'ai fait dans ma vie,
« toujours s'est décidé au-dessus de moi ».

Et Isabelle qui devait, si l'on tient compte, comme
il le faut, de la prédiction de Geneviève, « appar-
tenir toute à son destin », et de qui la vie devait
être dominée « par la vie de son âme », — pourquoi
allait-elle d'abord cheminer hors de la belle voie
tracée pour elle ?

— « Je fermais les yeux sur moi, sur ce que
« j'étais, sur mes volontés anciennes et familières,
« comme si j'avais trouvé une joie amère, un ar-
« rière-goût de liberté et de vengeance à cet entraî-
« nement hors de mon passé ».

« ...Je prenais par moments une résolution
« de n'avoir désormais que des pensées qui
« seraient juste à la mesure de ma destinée : être
« humble, petite, sans désir, sans espoir, sans
« regard jeté au loin, avec quelque chose de chétif,
« borné, sagement étroit... Je m'y appliquais
« quelques jours ; puis cette volonté elle-même trop
« vaste, se brisait. J'éprouvais dans ces jours
« accablés un besoin invincible de me détacher
« des circonstances présentes, de m'en séparer, de
« les effacer à mes yeux, de m'y rendre étrangère ;
« et c'est pourquoi l'amour d'Albert me captiva
« toute, *car il me composait comme un autre monde*
« *où je vivais par delà ma vie.* C'était un renonce-

La chapelle où priait Laure.

« ment total, puis un don de moi-même lointain
« et merveilleux ; pour bien comprendre ce mou-
« vement d'âme où je me perdais, il faudrait avoir
« ressenti le même besoin d'oubli, et cette lassi-
« tude de ma propre vie qui renaissait à chaque
« aurore ».

Voilà donc des êtres libres, soumis à un arrache-
ment continuel, malgré leurs efforts d'évasion ou
de divertissement. C'est bien l'occasion de rappeler
la théorie de Pascal, à laquelle Clermont n'a pas
craint de s'attaquer (voir les Inédits) :

« Selon lui (Pascal) la nature même et l'essence
« du divertissement est qu'il soustrait les hommes
« à la vue de leur condition ; et Pascal assure —
« affirmation d'une portée bien plus générale —
« que toute l'inquiète activité des hommes, sous
« ses diverses formes, n'est rien autre chose que
« divertissement... »

Et Clermont d'objecter :

« Seulement on peut se demander (....) si, à
« l'encontre de ce qu'il prétend, il n'existe pas une
« force vitale, réelle et positive, qui, indépendam-
« ment de toute considération extérieure et de tout
« raisonnement, a besoin de s'épancher et de s'épa-
« nouir en actes, qui de son mouvement propre
« pare le monde de désirs et d'attraits... »

Nous côtoyons toujours les abîmes. Les personnages de Clermont, eux aussi, en ont le vertige. Et surtout, sans cesse tourmentés par leur âme, ils témoignent du désaccord profond, irrémédiable, entre la vie du monde, bornée et médiocre, et la destinée de l'homme où chacun de nous, pour peu qu'il y songe, aperçoit un reflet de choses éternelles.

Et l'œuvre de Clermont, c'est l'effort dramatique de l'intelligence heurtant les barreaux de sa cage : la lutte contre le mystère, — mystère de la personnalité, mystère de la destinée. Elle exprime, en outre, l'horreur qui soulevait cette nature d'élite contre la médiocrité, l'horreur de cette basse prudence que représentent si bien les parents d'Isabelle :

« On eût dit que ses parents éprouvaient une
« sorte de malaise devant l'expression de tout sen-
« timent vif ; et plusieurs fois, comme elle était
« entraînée vers eux par un élan soudain d'affection,
« elle s'était vue accueillie avec gêne, ou écartée
« d'un geste brusque... Ou bien... de tout ce
« qu'elle était ou faisait, on disait toujours que
« c'était trop : trop ceci, trop cela, trop sensible,
« trop pieuse... »

« Isabelle était une « extrémiste » dans l'ordre du sentiment ; comme Laure dans sa recherche du surnaturel ; comme le héros d'*Amour Promis* dans ses excès d'introspection...

Il ne faut pas craindre de redire, après tant

d'excellents esprits, même au risque d'être banal, que l'on ne peut se consoler de la perte d'Emile Clermont.

Une question se pose maintenant : s'il fût revenu de la guerre, quelle direction eût-il donnée à son œuvre ? La philosophie et l'histoire paraissaient, nous dit-on, l'intéresser exclusivement. Mais il avait composé le plan d'un nouveau roman : *In Memoriam...* Il est permis de croire qu'il fût resté romancier, car il était né tel. Ses trois premiers livres le prouvent. Cela ne l'eût pas empêché, sans doute, de nous donner de fortes études critiques, des méditations, des essais, mais il n'eût pas abandonné le roman où il avait trouvé tout naturellement son meilleur moyen d'expression. Il y avait tout de suite excellé. Sa vocation était là.

Sa manière était bien à lui : sobre sans sécheresse, claire, attrayante et finement nuancée. On admire la composition rigoureuse de ses récits, où rien n'est laissé au hasard ni aux fantaisies de l'imagination. Point de littérature, point de morceaux de bravoure : ni fausses fenêtres, ni draperies, un art volontaire et sans minutie, — celui de l'écrivain qui domine constamment son sujet.

Au terme d'une étude où l'on s'est efforcé de saisir la pensée directrice de cette œuvre dont des circonstances tragiques ont entravé la diffusion,

on craint d'avoir trahi cette œuvre à la présenter
sous le seul aspect idéologique. Tel semble avoir
été le sort de la plupart des critiques : ils se sont
laissé comme nous entraîner par ce haut esprit
dont l'emprise est d'autant plus forte qu'il rejette
tout appareil didactique. On ne trouve dans les
romans d'Emile Clermont aucune disgression à
prétention philosophique, ni même aucune expression qui n'appartienne au vocabulaire usuel.

On a trop dit qu'Emile Clermont n'eût jamais
conquis le « grand public », que d'ailleurs il ne
sollicitait pas. Il l'a lui-même écrit du front à son
éditeur M. Brun, de la maison Grasset, non cependant sans réserver l'avenir. Cela n'est vrai qu'en
ce qui touche la clientèle du roman-feuilleton.
Quant à la foule qui s'intéresse aux beaux récits
de douleur et d'amour, je tiendrais volontiers la
gageure contraire, pourvu qu'on attirât son attention par les moyens dont on dispose aujourd'hui.
Il y aurait, sans doute, dans un public si mêlé,
plusieurs zones d'admirateurs, selon le degré de
compréhension, — n'en est-il pas ainsi pour des
œuvres de moindre portée ? — mais au plus bas de
l'échelle on serait sensible à ces conflits de la vie
et de l'âme, et l'on y puiserait quelque élément
d'élévation spirituelle.

Emile Clermont était né romancier.

LA PENSÉE
D'ÉMILE CLERMONT
Témoignage

PAR

ROBERT TOURNAUD

« ... Hélas ! je suis obligé de me récuser pour les quelques pages sur la pensée d'Emile Clermont. Votre aimable lettre ne m'a atteint ici qu'après un détour... trop tard pour que je puisse rédiger un article digne de son objet.

« Je travaille à cette étude sur Emile Clermont depuis tantôt un an, avec beaucoup de lenteur, parce qu'Emile Clermont fut une des rencontres intellectuelles de mon adolescence, et je tiens beaucoup à dire sous quel aspect de nouveauté il m'apparut et m'offrit des horizons combien plus larges que ceux de l'intellectualisme d'avant lui !

« ...Si vous m'aviez permis un délai d'une quinzaine de jours, peut-être aurais-je essayé d'évoquer ce qui fait pour moi la grandeur d'Emile Clermont et qui est d'avoir fait un des premiers un usage probe de l'intelligence. Toute sa vie d'écrivain me semble approcher cette critique de soi-même qui fut l'objet plus particulier des questions de morale,

questions de méthode, d'où devaient jaillir les
grands livres de la maturité, et qui, malheureuse-
ment, fut seulement la plus haute des préparations
au sacrifice de la guerre. Certes c'est là ce que
j'estime d'un plus haut prix encore que ses romans,
et il me semble que l'on n'a pas suffisamment
montré encore, après le duel pathétique de la jeunesse contre un monde qui le faisait souffrir, cet
élan, cette conquête du clair regard qui permit à
l'intelligence la moins complaisante, la plus rapide,
la vision et l'acceptation des attitudes les plus op-
posées. Je ne sais si c'est par manque de clair-
voyance, mais chaque fois que j'étudie d'un peu
près la démarche, le progrès intellectuel d'Emile
Clermont, je pense aux plus grands noms, Pascal,
Paul Valéry (qui seraient bien étonnés de se voir
ensemble). Et je pressens bien de quel guide la
guerre nous a privés, dans les temps désaxés où
nous sommes ».

PAGES INÉDITES

D'ÉMILE CLERMONT

Que faut-il entendre par une bonne conscience dans le domaine de l'art? « Aucun artiste moderne, dit Nietzsche, n'a une bonne conscience. » Il ne peut s'agir ici que du grand art, car y a-t-il une bonne conscience de l'art médiocre, immédiatement destiné au public, de la littérature courante ? c'est un point douteux (et qui pourrait peut-être être examiné de près), car la bonne conscience ici ressemble un peu trop à la bonne conscience morale, un peu trop simplement.

Mais considérons ce qu'on peut appeler le grand art, qui a des rapports avec *la connaissance*, qui a un reflet, un écho. Où sont ici la bonne, la mauvaise conscience ?

Probablement dans la netteté de la position par rapport à la connaissance. Ce qui exige deux choses, un don dans le domaine de la connaissance avec une perception suffisamment exacte de l'étendue de ce don (indépendamment pour ainsi dire de sa qualité), de son étendue et aussi de l'étendue du savoir qui en est venu : donc une clarté dans ces domaines et une clarté sur cette clarté.

En second lieu, un art sobre dans ses rapports avec la connaissance, c'est-à-dire qui ne cherche point à faire illusion sur son étendue et sur sa profondeur. C'est probablement dans les deux sens à la fois que Nietzsche pensait que **Wagner** n'avait pas eu une bonne conscience. Car la vision de **Wagner** dans les domaines de l'intuition profonde et de l'au-delà est incontestable. Son art est un grand art et il a l'accent de la connaissance.

Mais **Wagner** s'est fait illusion sur la portée de son intuition : il a voulu faire croire qu'elle avait un contenu positif quand elle n'en avait pas, qu'elle donnait une *connaissance* réelle quand elle n'en donnait pas. Il a communiqué à sa musique un certain accent sublime et mystérieux qui semble ouvrir des portes merveilleuses, et lui pourtant aurait dû savoir que c'était avec les moyens de son art qu'il donnait cette impression, et non pas par l'attrait authentique du monde sur lequel ces portes mystiques semblaient s'ouvrir. Il s'en douta peut-être parfois, peut-être, mais sans se l'avouer. Et c'est en ce sens là surtout que Nietzsche a pensé qu'il avait une mauvaise conscience, tandis qu'une bonne conscience serait caractérisée par une sorte d'équivalence parfaite entre la création esthétique et l'intuition dans les royaumes de la connaissance.

Nietzsche a reproché à **Wagner** de n'avoir pas été

un esprit debout sur ses propres bases ; c'est-à-dire de n'avoir pas eu un savoir propre dans les domaines de la haute spiritualité. Mais l'art de Wagner en donne pourtant l'illusion, et cette illusion Nietzsche l'a eue, et même quand il ne l'a plus eue il lui en est resté une telle fièvre qu'il a voulu savoir cela exactement, cela précisément que Wagner ne savait pas.

Si l'on regarde en France parmi les artistes modernes, qui a eu une bonne conscience ?

Oh ! sûrement, sûrement pas Victor Hugo, ce visionnaire de la banalité, sans aucune capacité d'ordre intellectuel ou moral supérieur, et voulant à tout prix faire croire qu'il était cela d'abord, le vates, le prophète, celui qui voyait plus loin, plus profond. On se demande comment il a pu seulement se faire illusion à lui-même, car la notion même de la spiritualité et la plus petite parcelle de don métaphysique personnel lui faisaient défaut. On peut croire que c'était, chez ce bruyant, surtout affaire de vanité. Il est à remarquer en fin de compte que l'illusion globale qu'il a su répandre sur son œuvre est venue principalement de raisons et d'attitudes politiques. Exemple qui n'a pas été perdu...

Flaubert plutôt donnerait cette idée d'un art

sain : son art ne va pas plus loin que sa pensée, il va même moins loin, et là, dans ce retrait, dans cette négation, dans cette amertume est la marque propre de sa position esthétique. L'attrait de la haute spiritualité et des grandeurs romantiques, la vision submergée de la banalité de la vie et du médiocre, la recherche de la beauté formelle comme la seule réalité qui subsiste dans cette débâcle, la seule lumière sur le monde, la seule valeur — puis au cours de sa vie ses premiers attraits splendides sombrant lentement peu à peu, réellement, définitivement, en lui comme dans son œuvre, maladivement, sous le commun, l'exact, le vulgaire.

Il n'a point cherché à mentir, à éblouir, à faire illusion : ses livres reflètent une histoire authentique et non point une belle histoire, mais une histoire terne, brutale, grise — d'autant plus tragique.

Son neveu Maupassant avait dans l'âme des problèmes et des destinées pareils. En plus, et plus que Flaubert, un viveur, un débauché, avec la nuance particulière de réflexion et de mélancolie que laisse la débauche dans un esprit déjà mûr quand elle y laisse quelque chose. De là bien des accents, des notes dans les derniers livres de sa vie, quelque chose de las, de dégoûté, pas assez cependant pour le renoncement — et sans assez de force

intellectuelle pour en faire une méditation propre.
Donc par là et peut-être aussi par quelques dispositions naturelles, des échappées sur un monde
qui dépasse le monde de la vision réaliste — et par
là aussi plus nouveau, plus moderne, plus récent
que Flaubert.

Mais le fond est une observation naturaliste,
positive, matérielle avec un accent même parfois
affirmant, provoquant, cassant, brutal, l'accent
d'un gros homme fort qui ne veut pas admettre
autre chose que ce qui tombe sous les sens et sous
le bon sens. Et cela senti si fortement, si pratique-
ment que c'est déjà une attitude intellectuelle et
esthétique ; d'autant plus qu'un certain sens secret
et peut-être détesté de l'insuffisance et de la pauvreté de ce donné tout cru impose inconsciemment
à son art un arrière-fond pessimiste et amer sur
lequel il se découpe mieux. Avec cela, la belle forme
classique, probe, nette qui s'empare des objets, qui
les réalise.

Donc, un art sans mensonge : l'art d'un homme
un peu brutal et dédaigneux qui est ce qu'il est,
qui en sait comme cela assez et ne se fardera pas
— peut-être délicat aussi, et probe dans ces domaines.

On pourrait continuer à considérer de ce point de
vue de récents écrivains français, et il y aurait sans

doute plus à dire et à réfléchir sur d'autres, car pour ceux-ci le fond d'intuition intellectuelle était ou absent ou pauvre. Avec Renan, Bourget et Barrès on aborderait une matière un peu plus riche. — Renan d'abord, Renan, de notre temps peut-être l'esprit le plus coupable (cela au sens total, au sens de la faute)...... ....
....

Les disciples de Renan vont d'année en année diminuant et s'amincissant, en tous les sens. Les premiers eurent de la valeur. Lemaître et France. Cependant ici ils n'ont rien à faire. Ce ne furent pas, pour reprendre l'expression de Nietzsche « des esprits reposant sur leur propre base ». Ce furent non des disciples philosophiques, ni positivistes, ni scientifiques de Renan, mais des disciples littéraires : je veux dire eux-mêmes uniquement et proprement littéraires. Point de don personnel par rapport à la connaissance : tout est second et sans portée intellectuelle, quel que puisse être par ailleurs l'agrément de leurs œuvres. On sent bien au reste que leur attitude dérivée de Renan n'est pas créatrice, que c'est une fin, un cul de sac.

Ce qui chez eux est significatif par rapport à Renan, c'est qu'ils ont trouvé chez lui une justification avant tout commode pour des tendances propres, l'autorité dont ils avaient besoin pour être sûrs d'eux-mêmes, et notamment pour s'amuser librement et avec une bonne conscience. Et sans doute il eût été mieux et plus vigoureux de s'amuser sans l'autorité et la permission de personne. Mais enfin ceci est grave que le jour où ils ont été sérieux, le jour où la politique les a touchés sérieusement ils n'ont plus été renaniens du tout. Disciples combien superficiels ! Ce n'était plus le temps de gambader ; un fond sectaire et violent s'est révélé : le plus vigoureux soufflet à tout leur passé. Car enfin il faudrait une bonne volonté exagérée pour tenir encore pour renaniennes les palinodies d'Anatole France dans son attitude à l'égard de Zola ; beaucoup de jeu assurément et peu d'embarras à se contredire ; cependant avec un accent, une conviction, une âpreté qui ne viennent plus de Renan. Telle fut l'affaire Dreyfus : entre mille débâcles, débâcle des disciples de Renan... Enfin demi-débâcle puisque France est devenu à son tour le vates de la République, l'enfant choyé, cajolé, à la fois le penseur et le mignon de la République.

Tout cela du reste sans les nuances, les atténuations que demanderait une étude plus détaillée, et tout cela aussi uniquement du point de vue philosophique et culturel adopté pour ces remarques

Bourget et Barrès eurent plus d'inclination pour l'autorité sérieuse de Taine. Et Taine en effet avait à l'égard des hauts problèmes une disposition qui fait qu'on s'incline, qui, plus, doit le faire aimer. La gravité, la tristesse, le désintéressement, en même temps une volonté de savoir positif, l'horreur de la jonglerie, de la réclame, un sens des destinées. Son roman d'Etienne Mayran est touchant, biographie évidemment, avec des clartés surajoutées que son enfance n'avait pas ; là aussi il y a une histoire intellectuelle, une triste histoire d'âme d'enfant, mise seule et sans maître devant le monde, qui ne sait pas et qui voudrait savoir ce qu'il faut aimer, enfin ce qui vaut le mieux ; est-ce la na- ture, de beaux jours de printemps parisien, luxueux et facile ? ou bien le savoir abstrait tel qu'on le lui versait à flots ? Il a choisi très jeune, ayant encore cette âme d'enfant ; il a choisi après avoir hésité, regardé ; il trouvait dans l'abstrait, dans les classifications, un point lumineux, un point fixe où s'arrêter, où se contenter. Il le dit expressément. Au contraire, du côté du senti- ment, de l'intuition sentimentale, de la nature, de la beauté, il n'a pas rencontré de point fixe, de point de savoir, de point de connaissance. Telle était sa nature d'esprit. Et c'est pourquoi il a versé du côté abstrait. Cependant âme délicate aussi, riche, vibrante, aimante, mais qui dans cette direction n'a pas aperçu d'équilibre possible ni de grandeur intellectuelle.

Classer, organiser, bâtir un univers abstrait qui engloberait l'univers réel, qui en donnerait la substance intellectuelle, telle fut du point de vue métaphysique sa destinée et sa chimère. (Encore une fois, à ce propos, affirmer qu'il n'y a pas un type unique de réflexion, ni même de réflexion logique : la critique des esprits doit être essentiellement ceci : à quel moment, dans quelles conditions une *idée* leur a-t-elle donné l'impression sensible qu'elle était vraie : c'est là, toujours là qu'il faudrait aboutir. Mais critique infiniment subtile et pour laquelle jusqu'ici nous manquons de maîtres. Et encore une fois, et à ce propos aussi, affirmer que la première tâche philosophique actuellement, c'est un classement des intuitions).

Il a donc été lui, âme très frémissante qui recevait des impressions vivantes et profondes de tous les objets de la vie, il a été l'intellectuel le plus décidé. Et pourtant ses systèmes abstraits se sont brisés, même brisés dans ses doigts — quand ils étaient encore dans ses doigts. Et maintenant qu'en reste-t-il ? rien. Véritablement, rien, mais pourtant on y retrouve le reflet, la marque, parfois le frisson d'une réalité d'un autre ordre, d'une prise directe du réel, mais aussitôt recouvert, chargé d'un appareil intellectuel sous lequel il s'efface et il fuit. Çà et là de belles phrases pleines, des sons justes et éternels. Une aurore de réalité et de vérité plus profonde au delà de la réalité qu'il préférait.

C'est étrange comme même dans ses ouvrages d'histoire on a la sensation d'un fond authentique surchargé soit d'images, soit de réflexions qui le voilent et le compliquent.

Barrès et Bourget demanderaient, même à ce seul point de vue, une étude plus menue et aussi plus objective. Et d'abord il faudrait préciser ce point de vue.

C'est bien à tort qu'on parle de l'optimisme des Grecs, à moins qu'on n'entende par ce terme simplement l'amour passionné de l'existence. Il est parfaitement vrai que les Grecs n'ont rien conçu de plus beau qu'un large épanouissement de la vie dans la lumière et dans la joie ; ils n'ont pas imaginé qu'il pût exister un bien supérieur à celui-là, ni même un bien d'une autre sorte : mais précisément, ce trésor suprême d'une vie libre et splendide se trouve toujours interdit aux hommes ; à peine s'ils y peuvent participer quelquefois et encore n'obtiennent-ils qu'un bonheur empoisonné. Car pour eux toute vie implique anéantissement, la jeunesse déjà contient et annonce la décrépitude. « Ils sont ignorants et faibles, chantent sur l'Olympe les Muses dans l'hymne homérique à Apollon Pythien ; ils ne peuvent trouver de remède contre la mort, ni de défense contre la vieillesse. » Adorateurs de la vie, ils sont voués corps et âme à un principe de destruction ; épris de la lumière du jour, ils sont destinés aux ténèbres éternelles. Lorsque le peuple hellène s'est éveillé à la conscience, il n'a pas trouvé

derrière lui un long héritage de traditions et de
culture ; il s'est aperçu de son malheur avec une
sorte d'amertume et d'innocence et il en fait retentir une plainte dont rien par la suite n'a dépassé
l'amertume et la force pathétique. Ce qui l'a frappé
au premier chef, c'est que partout il y a pour l'homme
limite, entrave ; jamais un désir assouvi ; même
les plus fortunés des hommes ne reçoivent en partage qu'un mélange de bien et de mal où le mal
l'emporte ; pas un d'entre eux ne peut triompher,
s'arroger la puissance, dresser la tête au-dessus des
autres sans être aussitôt frappé et abattu ; partout
erreur, impuissance, un perpétuel jeu de la fatalité
qui semble se plaire à détruire. Et de plus, par
leur faute même ils laissent gronder dans leur cœur
l'orgueil qui leur fait passer les bornes de la justice, la passion qui les pousse vers des abîmes ;
car, comme le dit Jupiter dans l'Odyssée : « toujours ils nous accusent, nous, les dieux, mais cependant ce sont eux bien souvent qui, par leur inso-
lente folie, vont chercher la souffrance en dehors
même de leurs destins. »

Ce qui au sentiment des Grecs constitue l'essence
des dieux, c'est qu'ils sont affranchis de toutes les
calamités pesant sur la vie humaine, c'est qu'ils
goûtent dans sa plénitude le bonheur refusé à celle-
ci. « Les dieux, lit-on plusieurs fois dans Homère,

N°

Cette existence pleine, magnifique, heureuse,
cette ce bien incomparable d'une vie [biffé]
de la vie
libérée des dures conditions qui prédominent chez
chez l'homme l'homme [biffé] le font toujours imparfaite et souffrante
un tel trésor n'est pas échu en partage réserve seulement
à la famille des grands souverains du ciel ; au il est
contraire elle est répandue largement dans tout l'univers,
la nature terrestre est toute pleine de Dieu. Dans les
des vallées comme dans celles qui baignent les rivages,
dans les forêts, dans l'été où l'intrépide ou heureux vit une
multitude d'êtres divins ; lorsque Jupiter convoque
sur l'Olympe une assemblée solennelle, on les
voit tous accourir et se presser les uns entre les autres
ses fleuves, les sylphides nymphes des bois, nymphes des fontaines et
voir aussi coulent
celles des prairies humides. Dans leurs retraites
coulent des jours insouciants, et les
d'une jeunesse éternelle. Ainsi, que l'homme
regardait dans les cieux, ou qu'il promenait ses
yeux autour de lui, et ce qu'il rencontrait et
remarquait

c'était toujours sa propre vie sous une forme
plus belle, sa vie idéalisée, réussie, accomplie.
Pour tous les êtres donnés lui; même pour la nature
que nous nommons matérielle, enfin pour l'ensemble
de l'univers, cette vie coulait comme d'une coupe
enchantée dans le même [...] des Dieux.
La réalité l'homme était toute et source de cette
immense image, au milieu de cette félicité
dont il emplissait l'univers, il passait maintenant
et mes c'était et [...] qu'il n'obtenait que de pauvres débris de
ce bien si prodiguement versé; et, au milieu de
sa propre apothéose il exhalait une plainte
solitaire [...] aucune espérance pour lui; dans les
champs Élysées il ne trouvait qu'une ombre nocturne; à
là-bas ne [...] qu'un reflet, quelque chose d'effacé, de
pâle, d'inégal, [...] tandis que [...]

ont contraint les malheureux mortels à passer leurs
jours dans la douleur, tandis qu'eux-mêmes sont
exempts de chagrins. Eux ne connaissent ni la ma-
ladie ni la mort ; leur jeunesse est éternelle ; leur
puissance est capable de mouvoir même les éléments ; les coups de la fatalité ne sauraient les attein-
dre ; ils ne rencontrent presque pas d'obstacles à
leurs désirs ; au-dessus de la misère des hommes, ils
font briller une image dorée et merveilleuse de
la vie. Leur existence est pareille à celle des princes
et des guerriers, elle se passe dans les festins, les
combats ; seulement leur félicité est durable et
infinie. Ils n'apparaissent pas comme des maîtres
despotiques et lointains, d'une majesté et d'une
grandeur incompréhensibles, essence abstraite et
résumé du monde, devant lesquels l'homme doit
s'anéantir dans la poussière ; on ne peut même
pas dire qu'ils absorbent et représentent la totalité
de l'être, car la fatalité se déroule en dehors d'eux. —
. . . .
. . . . *(passage supprimé)* . . . .
. . . .
Tour à tour ils s'intéressent aux hommes ou s'en
désintéressent au gré de leurs sympathies. Souvent,
impassibles dans leurs demeures splendides, ils se
contentent de présider à l'accomplissement des destins d'où dépendent les mortels misérables ; lors-

qu'Achille et Hector combattent, Jupiter, du haut
de son trône céleste, prend dans sa main la balance
d'or fatidique « il la souleva par le milieu, le jour
fatal d'Hector fit pencher le plateau qui alla vers
la demeure d'Hadès ; Phébus Apollon l'aban-
donna ».

Cette existence pleine, magnifique, heureuse, ce
bien incomparable de la vie libérée des dures conditions qui, chez l'homme, la fait toujours imparfaite et souffrante, ce trésor n'est pas réservé seulement à la famille des souverains du ciel ; il est
répandu largement dans tout l'univers, car la nature
terrestre elle-même est pleine de dieux. Dans les
eaux des vallons comme dans celles qui baignent
les rivages, dans les forêts, dans l'air limpide ou
brumeux vit une multitude d'êtres divins ; lorsque
Jupiter convoque sur l'Olympe une assemblée
solennelle, on les voit tous accourir et se presser
les uns contre les autres, fleuves, sylphides des
bois, nymphes des fontaines et des prairies humides. Eux aussi coulent dans leurs retraites fortunées
des jours insouciants, et eux aussi ont reçu le bienfait d'une jeunesse éternelle. Ainsi, que l'homme
regardât vers les cieux, ou qu'il promenât ses yeux
autour de lui, ce qu'il rencontrait c'était toujours
sa propre vie sous une forme plus belle, sa vie idéalisée, réussie, accomplie. Pour tous les êtres hormis

lui, même pour la nature que nous nommons
matérielle, enfin pour l'ensemble de l'univers, cette
vie magnifique, cette ambroisie coulait avec abon-
dance, comme d'une coupe enchantée.

On se représente mal la nature des dieux grecs
quand on leur reproche de déshonorer en leur personne, par des actes sans vertu, le caractère de la
divinité. Assurément leur histoire ni leurs attributs
n'ont la moralité pour essence, mais c'est que leur
grandeur n'est pas de cet ordre : elle consiste à
représenter les formes les plus riches de la vie et
de la beauté. Chez eux la vie déborde, non pas
limitée, surveillée, contrainte par des règles, mais
au contraire spontanée, libre, antérieure aux lois,
prise à ses sources primitives. Ce fut le propre du
génie grec de créer un nombre infini de personnages symboliques à la fois grandioses et simples où
se prolongeaient en splendeur les aspects divers
de la nature. Au contact de sa féerique imagination, tout prenait corps et visage, non seulement
les objets matériels, mais le jour, la nuit, les sai-
sons, les sentiments, les mouvements de l'âme ;
mille figures émergeaient des choses. Quiconque
a été en contact avec la culture antique, a gardé
d'éclatantes images de cette création poétique très
particulière qui faisait coïncider la vie de la nature
et celle de l'homme en une union familière et majes-

tueuse. « Au réveil de Jupiter sa colère éclate, raconte le jeune dieu du sommeil, enfant espiègle qui une fois avait eu l'audace d'endormir Jupiter. Il me cherchait dans sa maison, parmi tous les autres dieux, et certainement il m'eût précipité du Ciel dans l'Océan, si je ne m'étais réfugié à temps au sein de ma mère, la Nuit. Devant elle il se contint malgré son courroux, car il craignait de déplaire à la Nuit rapide. »

S'il existe chez les dieux et les héros grecs, tels qu'ils apparaissent dans la période homérique, un caractère de perfection, d'accomplissement et d'achèvement, ce caractère n'est pas d'ordre moral, mais d'ordre esthétique ; en effet, non seulement c'est leur beauté même qui les situe dans une sphère sublime, mais surtout, et d'une façon bien plus précise, la sorte de beauté dont ils sont parés est justement celle qui porte le signe de l'achèvement, de la splendeur arrêtée, de la perfection réalisée. Eclat visuel, majesté, rythme, mesure, harmonie, heureuses proportions qui ravissent les yeux en même temps qu'elles émerveillent la raison ; noblesse et sérénité, grandeur, attitudes souveraines, voilà les traits constants dont leur magnificence est composée. C'est l'ensemble de ces qualités que Nietzsche, dans ses études sur l'art et la pensée grecs, a désignées du terme « *apolliniennes* », leur

appliquant le nom du dieu qui les a le plus exactement symbolisées : en elles l'univers trouve son
expression esthétique la plus haute, du moins en
tant qu'il est considéré sous l'aspect des formes et
des apparences. Toutes ces images enchanteresses
de la mythologie, nymphes et dryades, s'ébattant
dans les bosquets, nageant dans les fontaines, bles-
sées et pleurantes quand on entaille les arbres où
elles étaient endormies, semblent moins incorpo-
rer la substance profonde des choses qu'en être les
habitantes privilégiées. Elles en représentent l'apparence la plus poétique ; elles en ennoblissent
l'aspect ; elles en modèlent un contour plus parfait, une forme plus heureuse ; mais elles ne sont
pas l'essence métaphysique du monde, pas plus
que ne l'étaient les dieux supérieurs soumis eux-
mêmes aux fatalités. Aussi la beauté qui rayonne
d'elles, d'ordre apollinien, a-t-elle été soigneuse-
ment distinguée par Nietzsche de cette autre beauté
toute différente appelée par lui dyonisienne, exclusive d'ordre et de régularité, d'espèce plus spécia-
lement émotive et musicale, qui, brisant les apparences, semble conduire l'âme délirante au cœur
même des choses.

....
................(*passage non composé*)................
....

Symboles de la plus heureuse réussite de la vie, les dieux font apparaître aux hommes que le développement complet de leur nature est la grandeur suprême du monde ; mais il n'est pas interdit aux mortels, même dans les dures conditions où ils sont placés, de faire effort vers le plein épanouissement. Sans doute les nécessités qu'ils subissent les relèguent à mille pieds au dessous de la caste des divinités se mouvant dans la lumière céleste ; cependant ils ont dans leur lot les actions éclatantes, les hauts faits, la vaillance, l'héroïsme et la gloire par lesquels quelques uns çà et là se haussent au dessus du commun, et dans certains cas exceptionnels s'élèvent même à une immortalité heureuse : car il peut arriver qu'après leur mort les dieux émerveillés et bienveillants, du haut de leurs demeures splendides, brillantes, fortunées, se penchent vers eux et leur tendent la main pour leur faire gravir les marches jusqu'à leur assemblée. Aussi voit-on pour les héros de l'épopée homérique que la vie n'a de prix que parce qu'elle permet ces heureux coups d'audace et de fortune grâce axquels un homme peut participer, ne serait-ce que quelques instants, à la grandeur et même à la beauté des dieux. Malgré tant de malheur et de fragilité, en face de la destinée méchante, ils se haussent jusqu'aux modèles qui représentent l'apogée de leur nature. Bien

loin d'être écrasés par leur sentiment si profond
d'une condition douloureuse, d'incliner vers le
renoncement et l'humiliation, ils sont au contraire
amenés par ce sentiment même à déployer toutes
les puissances qui sont en eux. « Du moment que
c'est une nécessité de mourir, pourquoi voudrait-
on languir immobile dans les ténèbres jusqu'à
une vieillesse sans nom, étrangère à toutes les
belles choses ». Ainsi chante Pindare — en cela
fidèle écho de la tradition homérique et il semble
même que chez les héros de l'épopée se trouve
une note plus noble encore, une mélancolie amère,
une sorte de grandeur lassée dans cet amour de
la vie qui se tourne en mépris des périls. « O
mon ami, dit dans l'Iliade le chef guerrier Sarpe-
don excitant son compagnon Glaucus à escalader
avec lui les remparts de l'adversaire, ô mon ami,
si après avoir survécu à cette guerre, nous devions
échapper éternellement à la vieillesse et à la mort,
ni moi-même je ne combattrais parmi les premiers,
ni je ne te pousserais dans les combats glorieux,
mais au-dessus de nos têtes sont mille morts que
nul ne peut fuir ni éviter ; marchons donc et fai-
sons la gloire de quelque ennemi, ou qu'un ennemi
fasse la nôtre. »

Toute pareille et également vaillante est l'attitude des héros d'Homère, non plus en face des

conditions générales de l'existence, mais vis à vis
de l'au delà lui-même quand il se manifeste sous
la forme la forme toute puissante et terrible de la
fatalité. Celle-ci règne en souveraine dans les combats de l'Iliade ; aucun des guerriers illustres qui
ne se sente enveloppé dans le réseau d'une nécessité
implacable ; ils se savent le jouet d'une force inconnue dont le plan est arrêté déjà et qui doit bientôt
les détruire, car d'ordinaire ce plan même leur est
révélé par avance. Cette certitude inflexible cependant ne les accable point ; on ne les voit pas craindre, supplier, se courber, adorer ; loin de là, ils se
redressent d'autant plus, ils se grandissent par la
lutte ; toute leur valeur se déploie soit pour résister,
soit, plus souvent, pour subir dans le courage et
dans la gloire l'accomplissement des destins.

Aussi, malgré cette fatalité cruelle, dont on voit
le fil et la trame partout, dans le poème, celui-ci
ne revêt point un aspect trop sombre, au contraire
il est tout frémissant de vie, palpitant de l'ardeur
des héros, de désir passionné d'une existence gran-
diose et belle. Leurs libres actions, leurs colères,
leurs défis, leurs superbes attittudes, même leurs
armures éblouissantes apparaissent dans une
lumière plus vive à cause de ces menaces toutes
proches de la fatalité, leurs gestes se détachent avec
plus de splendeur sur ce fond de malheur et d'infini.

C'est toujours à l'instant du triomphe que naît
l'annonce de la mort ; c'est un enchaînement inévitable, l'arrêt funeste retentit dans la victoire.
Au moment où il succombe sous les coups d'Hector, Patrocle lui prédit sa fin prochaine. Puis
quand Hector en effet tombe frappé par Achille,
avant d'expirer il annonce à celui-ci le sort qui à son
tour l'attend « Tu as dans ta poitrine un cœur de
fer, cependant prends garde que je ne suscite contre toi la colère des dieux, pour le jour où, tout
brave que tu es, tu périras près des Portes Scées
sous les coups de Pâris et d'Apollon Phébus » Mais
Achille le sait bien déjà, qu'il n'est qu'un instrument dans les mains du malheur, que le même destin
qui l'utilise pour frapper les autres, bientôt l'acca-
blera ; il sait qu'après l'avoir servi, il en sera victime
à son tour, qu'il est condamné par une même nécessité à faire souffrir, puis à souffrir lui-même. C'est
ce qu'il exprime à Priam lorsqu'il voit à ses genoux,
au soir de son triomphe, le père infortuné d'Hector
venu à travers les ténèbres jusqu'à sa tente pour
le supplier de lui rendre le corps du vaincu ; Achille
le relève avec des larmes, et la douleur du vain-
queur égale celle du roi errant. « Les dieux, lui dit-
il, ont condamné les malheureux mortels à vivre
dans la souffrance. A mon père Pélée ils ont fait
sans doute plusieurs faveurs magnifiques ; mais ils

ne lui ont donné pour toute descendance qu'un fils destiné à périr avant le temps ; je n'ai même pas la consolation de soigner sa vieillesse ; mais bien loin de ma patrie, je suis ici dans la Troade pour ton malheur et pour celui de tes enfants ».

Cependant ce savoir superbe et triste n'a, en aucun moment, altéré son énergie, on dirait au contraire qu'il en reçoit dans les combats l'inspiration d'une plus libre vaillance, comme s'il cherchait d'autant plus à affirmer sa propre nature, et à lui donner une place magnifique dans le cercle étroit et mortel où les destins l'ont enfermé. Remontant sur son char pour la première fois depuis sa colère, il s'adresse ironiquement à ses chevaux, et leur demande s'ils l'abandonneront lui aussi sur le champ de bataille comme ils y ont laissé son ami Patrocle. Or ces chevaux sont de race sublime, et l'un d'eux, tout à coup doué de la voix par Junon, lui répond :

« Nous te sauverons aujourd'hui encore, puissant Achille, mais le jour de ta mort est près de toi et ce n'est pas nous qui en serons cause, mais un grand dieu, et la Parque irrésistible. Ne nous accuse pas, car ce n'est pas notre lenteur ni notre paresse qui a permis aux Troyens de dépouiller Patrocle ; il a été frappé par le plus vaillant des dieux, par le fils de Latone qui a donné la gloire à

Hector. Mais quant à nous, nous aurions beau égaler par notre course la rapidité de Zéphyr, qu'on dit le plus léger des vents, ta destinée n'en resterait pas moins de tomber bientôt sous les coups d'un dieu et d'un mortel. » Après qu'il eut dit ces mots, les Erinnyes arrêtèrent sa voix. Soupirant d'émotion, le rapide Achille lui répondit. « Xanthas, pourquoi me prédis-tu la mort. Il n'en est pas besoin. Je sais bien moi-même que mon destin est de périr ici, séparé de mon père et de ma mère ; mais cependant je ne m'arrêterai pas avant d'avoir rassasié les Troyens de combats ». Il dit, et poussa en avant ses coursiers au premier rang. Pourtant, devant tant de courage et d'infortune, ce n'est pas sur Achille, sacrifié et héroïque, mais c'est sur le sort de ses chevaux que, du sommet du firmament, descend la pitié de Jupiter : car eux étaient d'origine immortelle et 'rien ne les avait prédestinés à se mêler à la vie des hommes misérables : « Ah ! malheureux ! s'ecrie-t-il, qu'avons-nous fait en vous donnant à Pélée, à un mortel, vous qui êtes exempts de la vieillesse et de la mort ? Etait-ce donc pour vous faire partager les maux des hommes ? Car il n'est rien de plus déplorable qu'eux, parmi tout ce qui se meut et respire dans l'univers. »

Du moins, ces guerriers homériques avaient cette

compensation à leur sort rigoureux de se mouvoir
dans la gloire et dans la beauté : car toutes deux
divinisent et font participer pour un moment aux
formes de vie qui sont situées au-dessus des destins.
Cet éclat d'apollinienne beauté qui enveloppait les
héros épiques n'a pas été une des moindres tenta-
tations de ceux qui par la suite se les sont proposés
pour modèles. Cette sorte de grandeur qui les iso-
lait au-dessus des hommes pour les mettre face à
face avec la fatalité et faire d'autant mieux resplen-
dir leurs attitudes et leurs actes, a eu sur tout le
cortège des conquérants antiques un attrait prestigieux. Soit que ce désir fût hérité d'Homère, soit
qu'il eût continué à jaillir du fond même de l'âme
grecque, on retrouve sans cesse chez les plus vail-
lants la même aspiration à se hausser dans la gloire
jusqu'à un rang solitaire où leur profil se dessine
mieux, et où toutes les paroles prononcées semblent un colloque avec le destin ; parvenus à ce faîte,
ils ne s'attendent plus qu'à être frappés. C'est là
l'origine et le secret d'une sorte d'ambition,
à la fois égoïste et noble, au regard de laquelle
la puissance trouve son achèvement suprême dans
un certain ordre de beauté — idéal qui a laissé ses
traces même dans des consciences modernes et qui
est venu, jusqu'en des époques récentes, jeter son
tardif rayonnement. La majesté des mouvements,

une gravité sereine et triste, un cachet définitif des
paroles, quelque chose d'auguste, d'ordonné, de
composé, d'eurythmique, a, dans le monde antique,
presque toujours caractérisé la façon d'être de ceux
qui accomplissaient une grande destinée. Décor
facilement théâtral, médiocre et faux, retombant
comme une défroque vide s'il ne devait servir qu'à
éblouir les hommes, s'il n'était composé qu'à leur
intention au lieu de faire vis-à-vis à une réalité
placée plus loin ; mais prenant au contraire un relief
incomparable s'il était soutenu et motivé par un
sentiment profond de la condition de l'univers,
ayant alors une splendeur souveraine capable de se
prolonger jusqu'à travers des excès et des illu-
sions.

Déterminer la place de l'homme dans l'infinité de l'univers est un problème d'une nécessité primordiale, mais auquel il semble que la raison soit condamnée à se heurter toujours en vain. Cependant des conséquences d'un prix prodigieux découleraient d'une certitude sur ce point, non seulement un repos pour l'intelligence, l'apaisement d'une inquiétude, mais aussi une orientation de l'existence, une direction pour les désirs, les instincts, les aspirations. Aussi en tout lieu, dès que des hommes ont pensé, ils ont gémi sur leur ignorance essentielle ; dès qu'ils se sont éveillés à la conscience, ils ont été effrayés de l'étonnante incertitude de leur position en ce monde, ne sachant ni qui ils sont, ni d'où ils viennent, ni où ils vont, environnés de toutes parts d'abîmes démesurés, livrés à des souffrances dont la raison leur échappe, voués à la mort, qui est affreuse pour toute individualité vivante, mais dont le mystère est particulièrement injuste pour des créatures parvenues au plein sentiment de leur être. — C'est de tous les pays, de tous les âges que s'est élevée une lamentation sur l'infortuné destin des hommes.

Cependant, quelque générale qu'ait été cette dure vision des fatalités pesant sur l'espèce, tant s'en faut qu'elle ait provoqué toujours des sentiments uniformes. D'ordinaire et pour la grande multitude des gens, elle demeure plutôt vague et lointaine ; elle ne prend une forme troublante, prochaine et pathétique que lorsque certaines circonstances, le plus souvent une rencontre avec la mort, les obligent à la réflexion et démasquent devant eux l'infini. Pour d'autres, nombreux encore, elle reste assez continûment présente à l'arrière plan de leur vie, au moins à l'état de souvenir, mêlant aux événements essentiels et même parfois à des incidents quotidiens un grain d'amertume. Mais il existe aussi des personnes qui semblent en quelque sorte prédestinées pour en souffrir. C'est comme un don propre, une aptitude spéciale. Ce qui pour d'autres n'est qu'image devient pour elles réalité sensible, présente et perçue ; devant l'infiniment grand ainsi que devant l'infiniment petit, elles éprouvent un vertige comme si tous les abîmes faisaient entendre leur rumeur dans leur esprit. Ce qui se rapporte à la condition tragique de l'humanité vibre directement en elles, suscitant une anxiété vaste et désintéressée, un émoi très pur qui y répond.

D'une telle race d'esprits, Pascal a fourni un haut exemple ; mais ce serait une erreur de croire que ceux chez qui s'est révélée cette particulière disposition ont eu nécessairement du génie. La plupart ont été sans génie et même sans talent. A de certaines époques, on a vu ce sens pathétique du monde et de la vie s'éveiller çà et là chez des individus simples et obscurs, entraînant avec lui de grandes inquiétudes d'âme et de profonds besoins de rénovation morale. L'aptitude à cette sorte d'émotions s'apparente avec les états mystiques qui, sans doute, sont plus concrets, plus riches de matière, plus positifs, mais qui, eux aussi, sont un mode de perception des grandeurs d'ordre infini ; cette disposition première les facilite, les prépare, les amène. Saint Ignace en ses *Exercices*, chaque fois qu'il veut élever l'âme, a des intuitions sublimes, systématiquement commence par déployer devant elle des représentations à la fois écrasantes et exaltantes de l'immensité de l'univers ; bien souvent ainsi une perception tragique de la condition humaine a été l'état d'esprit préalable au sein duquel a fleuri la mysticité.

Quoi qu'il en soit du reste sur ce point, on voit presque partout dans les temps modernes s'affirmer ce sentiment, non seulement qu'une telle contemplation, quand on s'y arrête, est désolante en

elle-même, mais bien plus : qu'elle est contraire à
la vie et dangereuse pour elle, qu'elle la rend insup-
portable à force de la faire apparaître décevante,
illusoire et vaine. A cet égard on rencontre chez les
penseurs, comme chez les artistes, une sorte d'u-
nanimité. C'est ce savoir sur les choses éternelles
que Nietzsche qualifiait du nom de connaissance tragique, vision dit-il « fatale et trop certaine » et si
épouvantable que ceux dont elle a une fois empli
les yeux ne sont plus capables que de promener à
travers l'existence un masque d'indifférence et d'i-
ronie. Taine de même avait de la vie une impression si quotidiennement misérable que, pour ne
pas songer à ce qu'elle est, il ne trouvait de distrac-
tion ou de secours que dans un travail ininterrom-
pu ; sentiment qui, du reste, chez eux comme chez
beaucoup d'autres, n'a pas exclu la conviction
tout opposée que cette conscience supérieure est une
condition de la haute intellectualité et de la haute
moralité.

. . . .

. . . . *(passage supprimé)* . . . .

. . . .

C'est cette même opposition entre la vie et la
connaissance qui, selon presque tous les commen-
tateurs, est au fond du drame d'Hamlet. Ce person-
nage d'Hamlet est exceptionnel dans le théâtre de

Shakespeare où déborde la spontanéité violente :
en lui on voit toute passion, toute volonté, toute
activité contredite et paralysée par une réflexion
coutumière sur la destinée et sur la vie; l'au delà
se révèle à son âme, quelquefois sous des aspects
formidables, il est incertain, faible, sans énergie,
plein de lassitude et de dégoût ; il repousse Ophé-
lie, puis vient méditer et railler au bord de la fosse
où dormira son amante. Figure qui, au milieu de
son mystère et de sa brume, a pu être tenue souvent pour explicative et symbolique du pessimisme
moderne. A vrai dire il y aurait lieu de se demander si le conflit ainsi figuré a une nécessité profonde, dérivant de la nature des choses ; mais en
tous cas il est hors de doute qu'une opinion constante attribue à cette connaissance même de la
condition humaine un caractère dissolvant, funeste,
destructeur, et admet qu'il y a à proche portée de
la réflexion, des abîmes sur lesquels on ne peut
fixer les regards, sans que les sources mêmes de
l'activité risquent de tarir, et que se décolorent
toutes les fleurs de la vie.

Ce sentiment a été celui de Pascal, mais avec
la puissance logique ordinaire à son génie, il l'a
poussé en ses dernières conséquences et il a résumé
l'antagonisme de la connaissance et de la vie dans
une formule extrême. Il ne s'est point contenté de

manifester leur opposition, mais, se plaçant au
point de vue de l'un des termes, il est allé jusqu'à
nier la réalité même de l'autre. Tel est le sens et
l'objet de sa théorie célèbre sur les divertisse-
ments.

. . . .

. . . . *(passage supprimé)* . . . .

. . . .

Selon lui la nature même et l'essence du divertissement est qu'il soustrait les hommes à la vue
de leur condition ; et Pascal assure — affirmation
d'une portée bien plus générale — que toute l'inquiète activité des hommes sous ses diverses formes
n'est rien autre chose que divertissement. Qu'on se
figure un roi sur son trône ; il a le plus beau poste
du monde, mais « si on le laisse considérer et faire
réflexion sur ce qu'il est..., le voilà malheureux et
plus malheureux que le moindre de ses sujets qui
joue et qui se divertit », aussi « les hommes n'ayant
pu guérir la mort, la misère l'ignorance, ils se
sont avisés pour se rendre heureux de n'y point
penser ». Tel est l'objet caché et véritable de ceux
qui s'adonnent au jeu, à la danse, aux plaisirs. Tel
est par exemple le but des chasseurs, à vrai dire ce
n'est pas le gibier lui-même qu'ils poursuivent, car
ils n'en voudraient pas s'il leur était offert, « un liè-
vre ne les garantirait pas de la vue de la mort et

des misères, mais la chasse les en garantit ». Ils ne recherchent en cela « qu'une occupation violente et impétueuse qui les détourne de penser à soi. » Et autant en peut-on dire des affaires, des ambitions, des passions, des combats. « Quand je m'y suis mis quelquefois à considérer les diverses agitations des hommes, et les périls et les peines où ils s'exposent, dans la Cour, dans la guerre, d'où naissent tant de querelles, de passions, d'entreprises hardies et souvent mauvaises, j'ai trouvé qu'il y en a une raison bien effective qui consiste dans le malheur naturel de notre condition faible et mortelle et si misérable que rien ne peut nous consoler lorsque nous y pensons de près ».

De fait ce que Pascal nie par de telles paroles, c'est qu'il y ait une activité spontanée se déployant pour elle-même, se suffisant à elle-même, naturelle, jaillissante, joyeuse, immédiate. C'est en somme la vie en son innocence et sa profondeur. Seulement on peut se demander si sous les traits malheureux de ces chasseurs et de ce roi (qu'il figure) ce n'est pas Pascal lui-même, Pascal lui seul, qu'il faut reconnaître, s'il n'a pas arbitrairement prêté à autrui sa propre nature ; si, à l'encontre de ce qu'il prétend, il n'existe pas une force vitale, réelle et positive qui, indépendamment de toute considération extérieure et de tout raisonnement,

a besoin de s'épancher, de s'épanouir en actes, qui de son mouvement propre pare le monde de désirs et d'attraits. S'il est exact que cette active vitalité dissimule aux yeux la mort et l'infini, est-ce une raison pour n'y voir qu'un artifice ; et si même elle en est, par essence, insoucieuse, faut-il pour cela l'appeler illusion ? Pourquoi la vie spontanée ne serait-elle pas vérité elle aussi ? et pourquoi pas la plus grande vérité ? C'est la valeur de la connaissance qui peut être mise en doute, et non pas seulement celle de la vie ; de ces deux termes qui semblent s'opposer et dont l'un sans cesse menace et écrase l'autre, on peut se demander quel est celui qui jette un voile mensonger sur l'univers : est-ce la vie libre et ardente, étincelante parure du monde ? est-ce au contraire cette vision fatale ? Question de portée très vaste qui ..... (*mots illisibles*) ....
.... et présenter sous une forme abstraite et dure, mais qui, en réalité, est débattue toutes les fois qu'on tente de porter un jugement sur la valeur de l'activité...— A vrai dire, on peut être d'autant plus surpris que sur ce point essentiel d'où dépend toute sa conception de l'homme, Pascal n'ait pas été conduit à modifier son opinion, car, dans son propre ouvrage, mille passages la contredisent. Le dessein même du livre semble la réfuter déjà. A quoi bon tant d'efforts pour amener les gens à con-

sidérer leur condition, s'ils y sont si naturellement
portés ? Singulière chose qu'il faille tant d'éloquence, tant d'insistance, tant de démonstrations,
les images les plus fortes pour leur rappeler et leur
rendre manifeste une réalité qui soi-disant les obsède

Mais ce qu'il faut dire, c'est bien plus encore :
c'est que personne autant que Pascal n'a été frappé,
impressionné, de l'insensibilité de la grande masse
des hommes vis à vis de leur destinée. Particulièrement leur indifférence à l'égard du sort que la
mort leur réserve a été pour lui un continuel sujet
de stupéfaction. « Leur négligence, dit-il m'irrite
plus qu'elle ne m'attendrit, elle m'épouvante ».
« Ces misérables égarés, ayant regardé autour
d'eux, et ayant vu quelques objets plaisants, s'y
sont adonnés, et s'y sont attachés ». Tels seraient
des prisonniers dans un cachot, qui, tandis que
leur sort se décide, joueraient au piquet. « C'est
là, dit-il, un appesantissement de la main de Dieu ».
Et ailleurs. « C'est un enchantement incompréhensible, un assoupissement surnaturel ». Mais alors,
on ne peut s'empêcher de s'étonner que Pascal,
alors qu'il a plus que quiconque observé et dénoncé
cette naturelle insouciance, ait cependant, en présence d'un fait si général, formulé une affirmation
précisément toute contraire.

D'où vient qu'il ne s'est pas demandé si cette

manière d'être quasi universelle n'avait pas elle
aussi sa signification ? si elle ne pouvait devenir la
base d'une culture ? Fallait-il donc à tout prix qu'elle
ne fût qu'apparence ? Un esprit véritablement libre
ne se serait-il pas posé une fois au moins une
question à cet égard ?

Il est probable que le penchant qui portait Pascal à considérer comme un égaré, et selon son
expression, comme « un monstre » l'homme du
type actif, content, ayant un sentiment heureux
de son activité et de son existence, si ce penchant
n'était pas né de son éducation catholique, s'il ne
resultait pas de sa formation d'esprit catholique,
avait été au moins autorisé, justifié, et en fin de
compte singulièrement renforcé et affermi par
elles. — C'est la doctrine même du christianisme
de définir un ordre sublime en comparaison duquel
tout ce qui est du rang de la nature est médiocre et
décevant : or, une fois un tel point de vue admis,
la spontanéité, la libre éclosion de la vie sont bien
ce qui à un esprit logique et vigoureux doit apparaître comme l'illusion essentielle, le péché source
des péchés. Aussi, en lui déniant toute réalité,
Pascal suivait une inspiration toute chrétienne,
dont il était de longue date si pénétré qu'il ne songeait pas à en mettre en doute les droits et la valeur,
qui avait assez d'empire pour prévaloir sur une

expérience avérée et en dénaturer, sans qu'il parut
y prendre garde, les conclusions.

Et cependant le plan de l'apologétique de Pascal
était précisément de caractériser tout d'abord la
nature humaine et sa place dans l'univers en dehors
de toute idée chrétienne. Il voulait, pour prouver
la religion, commencer par considérer d'abord
l'homme en lui-même, le faire voir tel qu'il est : et
après cela, montrer que le christianisme seul est
capable de l'expliquer et de le satisfaire.

Il prétendait partir de l'homme, aller de lui à la
religion, mais ne doit-on pas, d'après cet exemple,
penser qu'en réalité il suivait presque la marche
inverse et que son raisonnement était dès l'origine
dominé par une psychologie déjà chrétienne ?
Question qui amène à une autre question. Est-ce
que ceux qui, même indépendants du christianisme, même adversaires du christianisme, ont eu
cette opinion dont Pascal a donné la formule extrême et rigoureuse, que l'existence est sans
valeur devant la connaissance, que la vie n'est
guère qu'une apparence qui se disperse aux
souffles venus de l'infini, ceux là n'ont-ils pas été
de même obscurément conduits par une certaine
vision de la nature humaine que le christianisme
avait fait admettre et qu'ils n'ont pas critiquée ?

Est-ce que n'aurait pas flotté dans leur ciel une

Var. : *Question
d'où sort une au-
tre questiou;*

certaine image de l'homme, d'où ce pessimisme a
découlé ? Tant s'en faut en effet qu'à toutes les
époques ait prévalu le même sentiment : si ceux
qui, dans l'âge moderne, ont eu souci d'un tel problème se sont en général accordés pour considérer
l'homme, misérable dans sa condition, comme
également misérable dans sa nature. On voit au
contraire que l'antiquité, bien qu'ayant le sentiment aussi vif d'un destin implacable, a pourtant,
au sein de ce monde cruel, dressé l'image d'une
nature humaine magnifique.

....
.... (*passage supprimé*) ....
....

C'est la même tendance chrétienne à anéantir
l'homme devant l'infini, qui paraît avoir dominé
les conceptions modernes de la mystique. Dans la
mystique les rapports de l'esprit avec l'au-delà sont
réalisés pour ainsi dire d'une manière concrète ;
c'est l'infini même qui semble s'introduire dans
l'âme, y prendre forme et langage. Certes dans le
monde antique et surtout dans le monde grec la
mysticité n'a point manqué : exaltations, inspirations, ravissements, ces formes ont été éprouvées
et connues ; mais sa direction générale a été dans
l'ensemble opposée à celle de la mysticité moderne.
La première a été comme une exaltation des puis-

sances naturelles de la vie, une résolution de la vie individuelle dans le sentiment enivrant de l'universelle vitalité. La seconde, plus spiritualisée, s'établit au contraire sur les ruines de tout ce qui est spontanéité naturelle : Il faut, dit Pascal, « s'ouvrir par les humiliations aux inspirations » ; le conflit avec la vie, la lutte contre les penchants du corps et de l'esprit, l'ascétisme sous toutes ses formes, voilà le secret des initiations. Aux yeux d'un Grec la mystique chrétienne eût semblé le cas singulier d'une disposition humaine infiniment plus vaste, ici retournée contre l'homme même. Pour nous, par contre, habitués aux jugements chrétiens, la mystique de l'antiquité, avec ses excès, est à peine digne de porter ce nom ; nous n'y voyons qu'un commencement informe, une ébauche grossière ; aussi actuellement, avec une exception faite pour les exaltations esthétiques, toute mysticité qui serait dans le sens de la nature nous paraîtrait trouble, énigmatique et suspecte. En tous cas, ce qu'il importe de remarquer, c'est que les données mystiques elles-mêmes n'ont pas été des faits sans histoire ; malgré leur caractère pyschologique de vérité absolue et de nécessité suprême, leur nature même a varié suivant les époques et a dépendu d'attitudes plus générales des esprits.

Var. : leur orientation et leur nature même ont varié...

L'esprit positif était né et avait grandi en presence du développement immense et imprévu des sciences vers le milieu du xixe siècle, il mit en forme systématique des sentiments et des espérances presque universellement éprouvés ; mais triomphant alors, exclusif, étroit, il ne voulut connaître que les faits matériels et leurs lois ; il alla jusqu'à dénier l'existence et la réalité même à tout ce qui ne se prêtait pas aux méthodes d'investigation scientifique ; la sensibilité religieuse, esthétique, morale, les mouvements profonds de l'âme, ses troubles, ses au delà, son infini, ses inspirations mystiques, tout cet antique et prodigieux domaine lui apparut comme chose vaine, surannée, chimérique, déchue ; et comme cette raison nouvelle était parée d'un prestige éclatant, qu'elle semblait garantie et vérifiée par ses succès, beaucoup de personnes alors, et souvent même les mieux douées pour la vie spirituelle, se convainquirent, en effet, quelle que fût leur amertume, que la fin d'un monde était arrivée.

La plupart des esprits élevés de l'époque furent

marqués du sceau de cette crise difficile, ceux-là
surtout qui venaient de recueillir l'héritage du
romantisme et qui vibraient encore de ce grand
ébranlement : hommes de sensibilité inquiète et
fougueuse, avides d'exaltation, de noblesse intérieure, ils cédèrent pourtant à la trompeuse évidence, ils prirent parti contre eux-mêmes. Beaucoup, contemporains de Flaubert, essayèrent de
trouver un refuge dans les mensonges de la beauté
formelle ; tel fut Flaubert, qui, malgré son sens
mystique et profond de la vie universelle, et en
dépit de son imagination éclatante, s'appliqua à
dégrader ce romantisme dont il avait été nourri,
et qui finalement laissa sombrer son art dans la
peinture de la réalité matérielle la plus plate, fas-
ciné par ce qu'il haïssait. Dans le même moment
Gustave Moreau, au fond d'une retraite ascétique,
fixait sur ses toiles tant d'énigmatiques paysages
aux splendeurs désenchantées où de pâles figures
légendaires, malades d'un savoir étrange, semblent
chargées de redire indéfiniment l'exil du rêve et le
malheur de l'âme.

Cependant pour mener à terme ce grand dessein
que s'était proposé la philosophie positiviste, d'organiser un monde libre de métaphysique, c'est-à-
dire où l'homme édifierait son existence sans révé-
lations ni commandements venus d'un au delà

quelconque, ce n'était pas une méthode heureuse
que de commencer par négliger l'âme qui justement
est le lien véritable et vivant de la métaphysique,
qui par toute une partie d'elle-même, sentiments
religieux, moraux, esthétiques même, voisine avec
un absolu et baigne dans l'infini. Une négation si
brutale devait nécessairement provoquer quelque
jour une réaction aux effets peu mesurés.

Au lieu de tenir cette haute activité pour une
sorte de faux-pli de l'esprit, destiné à s'effacer, il
eût mieux convenu, il eût été plus conforme à la
doctrine même, de l'accepter comme authentique,
et de tenter d'introduire là aussi une connaissance
réaliste. Dans ce domaine imprégné d'absolu
depuis des âges lointains et encore livré à l'arbi-
traire des intuitions, à ce point de contact et de
confusion avec un univers supérieur, on eut dû
tenter de discerner une expérience psychologique
positive peut-être tout humaine et franche d'éléments venus d'un monde sublime; ainsi l'esprit
métaphysique aurait eu plus de chances peut-être
de fermer le cercle de ses conquêtes.

Mais même les études de psychologie entreprises
alors et qu'inspirèrent plus ou moins directement
les théories positivistes, ne furent aucunement
orientées en ce sens. Les philosophes de cette école
ne tentèrent pas d'adapter et d'assouplir les notions

de fait et de loi ; (*il eût fallu*) renoncer à transporter tels quels dans les études de psychologie les concepts empruntés aux sciences physiques. Faute d'un tel discernement, après un éphémère succès, sa tentative a paru grossière, et il n'a abouti qu'à établir entre les sciences et l'âme un inutile antagonisme. Son échec même a été tenu pour une sorte d'expérience démonstrative; comme si ce qui n'avait pu être soumis à une connaissance et à une loi, y échappait par nature et ne devait s'y plier jamais; comme si, là où une étude proprement scientifique n'avait pas réussi à s'établir, le sens intime et les inspirations personnelles indisciplinées pouvaient s'attribuer des droits souverains. Il s'est trouvé ainsi que la philosophie positiviste non seulement n'est pas parvenue à restaurer sur ses principes cette unité de foi et cet accord des intelligences qu'elle tenait pour la clef de voûte nécessaire de tout édifice social; mais de plus, car le monde où se meut l'humanité reste ouvert sur l'absolu, par une conséquence imprévue, par l'effet même de son insuccès, elle a paru autoriser, elle a contribué à justifier, à accroître, à porter au plus haut point ce que son fondateur considérait comme l'infortune capitale de l'âge moderne, à savoir « l'anarchie des métaphysiques individuelles ».

Il s'agit de philosophie morale, il ne s'agit pas de donner des conseils de morale. Tout le cours peut se passer sans un seul conseil de morale. Il s'agit d'autre chose, c'est-à-dire pas de conseil sur la façon de se conduire, surtout pas de casuistique.

Remarquer seulement que toute étude sincère et forte sur les questions de morale a toujours amené une élévation des sentiments moraux et de pureté de conduite et de morale. C'est pourquoi une étude de philosophie morale doit être recommandée pourvu qu'on se sente les aptitudes nécessaires pour que ce soit une chose sérieuse, très sérieuse, comment dire, la plus sérieuse. A cet égard, un préjugé : c'est qu'il est des choses auxquelles il ne faut pas toucher parce qu'elles s'ébranlent ; nous ne voulons pas de ces choses-là ; nous ne voulons pas soumettre notre conduite, notre vie à des choses non susceptibles d'une claire vision de l'esprit ; nous ne pouvons pas accepter qu'il en soit autrement, et s'il faut arrêter notre jugement ou même notre regard, nous voulons que

ce soit pour une raison sérieuse, nous voulons
savoir au moins où et pourquoi.

Pourtant cette étude est dangereuse, et c'est pour
diverses raisons ; il en est de lointaines qui ne nous
concernent pas pour le moment, qui n'ont pas rapport tout au moins à ce qui sera dit dans ce cours ;
il en est une autre toute voisine du préjugé que je
vous signalais tout à l'heure, c'est que la morale
est de ces choses auxquelles il ne faut point toucher
et qui s'accommodent mieux d'une obéissance
aveugle que d'une obéissance éclairée. Or vous êtes
persuadés de ce préjugé ; chacun de vous croit dans
son fond que pour obéir il ne faut pas réfléchir ;
si, (sûrement), il en est ainsi ; que si vous réfléchis-
sez vous ne saurez où vous arrêter, que tout l'édifice risque de craquer ; cette persuasion est en vous
comme une longue habitude, et peut-être comme
le pressentiment d'un profond problème ; et c'est
pourquoi la réflexion sur la morale dès les premiers
pas vous apparaît dangereuse.

J'ai dit le pressentiment d'un profond problème ;
peut-être du plus profond problème qui puisse se
poser en morale ; celui des rapports de la connaissance avec l'action.

Vous sentez qu'agir est nécessaire, et que, pour
agir, il faut une manière d'agir, une règle d'action ;
c'est le premier besoin ; d'autre part, connaître,

examiner cette règle d'action, en apprécier la valeur ; c'est un besoin intérieur aussi, mais un moindre besoin, et qui se heurte pour peu qu'on touche aux plus profondes habitudes et presqu'à l'essentiel de l'être agissant. Que restera-t-il quand on aura toutes les raisons ? quand on aura réduit aux raisons ? Peut-être rien... Vous sentez l'abîme, le danger, cette sorte de vacillation qui se produit quand on touche à ces questions profondes ; vous faites ceci, cela ; vous avez conscience que ceci est bien, cela mal ; que vous devez être cela ; et voici une autre clarté, qui est en vous aussi, qui veut les titres, les preuves, les raisons, qui s'érige en juge, qui veut nier ce qu'elle ne trouvera pas justifié. Alors vous sentez qu'il y a une vacillation terrifiante, que les bases mêmes de votre vie sont menacées, que peut-être, qui sait, rien ne sera mis en place, enfin que la connaissance morale est dangereuse. Et je le dis avec vous, je le déclare avec vous, la connaissance morale est dangereuse.

Mais je le dis alors, c'est à cette condition seulement qu'elle est salutaire. C'est comme beaucoup de choses humaines, elles ne sont salutaires que parce qu'elles sont dangereuses. Et si vous n'aviez pas ce sentiment je dirais ici, vous n'aurez qu'un cliquetis de mots, vous n'éprouverez rien de profond, vous ne comprendrez pas. Mais si au contraire

vous sentez des problèmes graves, capitaux, redouta-
bles, où votre être est engagé, alors demeurez :
c'est la preuve que la réflexion sur la morale vous
sera profitable. Si par hasard elle modifiait quelque
chose de vos croyances, du moins elle vous don-
nera de la hauteur d'âme et de la noblesse d'âme,
et le sentiment de son importance et de sa (grandeur ?), et ce sont les clefs de voûte de l'édifice, et
quand on les possède et les tient fermes, on est sûr
du reste, et plus rien ne peut crouler.

... Elle lui raconta que... une après-midi d'été, où elle était assise au bord de l'étang derrière le château parmi les joncs et les hautes herbes, elle avait aperçu une dame inconnue qui se promenait en robe bleue près de ce miroir des eaux.

Elle ne douta point que ce ne fût une fée ; et aussi elle alla vers elle, et l'ayant saluée, elle lui demanda de lui accorder, suivant l'usage des fées, quelque présent. Mais cette dame lui répondit que les fées étaient toutes mortes, que les petites filles qui croyaient encore en elles étaient assurément les plus charmantes des petites filles, mais que peut-être elles ne seraient pas les plus heureuses, étant destinées par nature à préférer entre les choses celles qui jamais ne seront. Elle ajouta que si elle avait le pouvoir de lui faire un don, elle la garderait de beaucoup aimer.

Julia alors s'était mise à pleurer parce que les fées étaient mortes. Mais depuis elle s'était affligée bien davantage des dernières paroles.

... Il s'endormit et rêva ; il se trouva sur la place

d'un petit village de montagne où tombait un grand
soleil de juin : c'était encore dans la matinée et il
flottait de la fraîcheur ; des châtaigniers, un marronnier énorme, plus haut que l'église, arrondi comme
une coupole et tout couvert de fleurs rouges comme
un monstrueux bouquet de dahlias. Une fontaine
où l'eau brillante coulait.... des maisons alignées,
éblouissantes de soleil, mais l'une était en deuil....

. . . .

La route était blanche, aveuglante ; une ombre
mince le long des murs ; les demeures closes ;
personne, silence complet. A travers le silence
l'heure tombe du clocher, et les horloges attentives
la rediront dans les maisons.

En apportant sur son cercueil les fleurs qu'elle
aimait, dont nous avons fait des couronnes, personne qui n'eût l'esprit plein de son souvenir.
Beaucoup sont venus de loin qui se taisaient à cause
d'elle ; mais maintenant ils ont attelé leurs voitures
ou sellé leurs chevaux et sont partis en causant.
Elle est bien morte à cette heure, et le silence du
village est pareil à de l'oubli...

. . . .

« Julia, tu t'éveilles... « Hélas ! j'ai manié (des fos-
soyeurs et) des cercueils et j'en suis si souillé. »

— Alors, ayant jeté les yeux tout autour d'elle :
« Oh ! s'écria-t-elle, le lugubre décor ! oh ! la mort
est ici ! Déjà toute gorgée d'oubli, je dormais à la
dérive du plus profond du temps. J'étais libérée de
ce qui passe et se flétrit. Pourquoi ton funeste désir
de posséder plus que la vie a-t-il rendu ma chair
et mon cœur à la mort des vivants ?

— La nuit dont tu reviens habitait déjà dans mon
âme. Je suis las à présent de mendier l'infini parmi
des ombres. Nous irons sur les bords de quelque
rivière limpide, où désabusés des choses éternelles,
nous regarderons passer le ciel et les cloches des
villes dans un mirage d'azur et d'or.

— Si la vie n'est qu'un vain songe, si les pleurs,
si les adieux doivent être sans écho à travers l'éternité, il aurait mieux valu me laisser dans ma tombe,
car mes yeux se contenteront peut-être de voir
glisser les fuyantes images du monde, mais mon
cœur toujours se déchirera d'aimer.

... Voici qu'un coq vient de chanter et déjà
l'orient a pâli ; l'aurore encore une fois va briller
sur le monde ; laisse-moi pour marcher appuyer
ma tête contre ton épaule car je suis encore ivre de
ce grand sommeil. »...

Retourné à Annecy hier ; beau soir, le lac riant, pentes gracieuses surmontées de falaises grises ; les vignes ont l'air de jardins ratissés. Annecy, la vieille prison, les eaux courantes, (la rue ...... ?), légers bruits des eaux et des pas ; le soleil dore les vieux murs ; discret, coquet, fané.

Le soir, magnifique clair de lune ; la lune pleine, ronde, claire ; la lumière s'épand sur le lac, les montagnes : les montagnes au fond du lac, capricieuses, dentelées, singulières, découpent leur silhouette sur un ciel cendré et pâle ; cette ligne très nette ne semble être que la limite d'un plan de clarté moins brillant que les nappes du ciel, un peu plus obscur, un peu plus foncé, mais tissé du même azur, de la même lumière, de la même nuit. On ne voit aucun relief des montagnes, celles près de nous au contraire, et du côté opposé à la partie du ciel où brille la lune, celles-là sont très nettes, les pentes arrondies et sinueuses, les prairies, les vignes, les quelques villas anciennes ou neuves plongées dans la verdure, plus solitaires, plus perdues que dans le jour ; cependant attirant davantage l'œil par la tache blanche de leur façade ;

mais enfouies dans la clarté même et son mystère, tout de suite lointaines, tout de suite secrètes.

Le lac et ses criques rondes ; tout le monde se promène dans les chemins et autour de la petite baie ; sorte de joie qui vient de la lumière ; sorte de joie nerveuse car on ne peut se décider à partir, à rentrer, on ne peut se décider à dormir ; toutes ces choses ont pris un air éternel ou plutôt semblent enfouies au fond d'un temps sans mesure ; on sait pourtant que cette heure est brève, que peut-être on ne la reverra pas ; on sait qu'après quelques heures cependant, si on se réveille et on va jusqu'à la fenêtre, déjà la lune déclinante et proche de l'horizon jettera des rayons obliques sur la nuit désenchantée ; ces couchers et ces crépuscules des clartés lunaires ont, au plus profond des nuits, quelque chose de fatal et de lugubre ; les ombres des choses s'allongent, la clarté faiblit, il semble que les eaux du lac clapotent plus fort sur les rives, la lune n'est plus blanche, des vapeurs l'obscurcissent ; si elle n'est pas dans son plein, il semble, quand elle s'abaisse, que son regard ne soit point droit, mais torve, malveillant ; l'ombre qu'elle laisse après s'être penchée derrière les monts, est la plus nocturne des ombres, les roseaux frémissent ; il y a dans les ténèbres un reste de pâleur qui les rend plus tristes.

Belles nuits pleines d'espérance; on s'appelait du haut en bas des prairies, des voix jeunes et fraîches, voix de garçons, voix de jeunes filles. « Qui est là? — Madeleine! Oui! — Marthe! — Oui! Vous viendrez demain. — Demain, oui. La nuit est belle! — Oh! oui, oui ». Cela me faisait rêver à quelque arrivée en vacances ; appel du haut en bas par la nuit claire ; on ne s'est pas vu depuis long-temps, on se verra demain; on ne savait même pas jusque là qu'on pouvait s'entendre de si loin. Voix de jeunes filles. « Madeleine! — Oui! oui! — Vous êtes sur la terrasse! — Oui! — Vous viendrez demain matin. — Oui! » Que de choses dans les mots! que de souvenirs, que de promesses, que de bonheur! — La nuit est belle — Oh! oui. Oh! oui... On entend souvent à peine ; il faut pencher l'oreille au ras de l'herbe ; on entend les petites voix fines et flûtées, non point comme une haleine du vent dans les branches, oh! non, mais menues, grêles, petites, aiguës, comme si de petits lutins invisibles jouaient à cache-cache, à quelque dis-tance dans la prairie mouillée. On ne voit point la maison. Faut-il que la nuit soit belle, pure, immo-bile, transparente, qu'elle soit comme un beau cristal qui vibre tout entier au moindre contact, frémit d'un léger bruit et le porte au loin! O nuit radieuse! On ne savait pas qu'on pourrait causer ce soir, et dire tant de choses en accord avec les désirs et avec la nuit ; on ne savait pas qu'il y avait tant de bonheur dans la vallée. — La vallée est couronnée de bois ; une vapeur commence à descendre et à glisser sur les prairies. — Au revoir. — Au revoir... Faire monter et descendre le long des pentes les voix messagères.

Ce n'est plus que le charme des choses, ce ne sont plus les choses elles-mêmes. Ce n'est plus ce contact, cette totalité, cette vibration à l'unisson de toute la nuit, à laquelle il faut bien un sens souverain ; voix frêles et lointaines qui descendiez vers nous, voix fraîches, pures, vous étiez ce couronnement, cette signification, cet excès prodigieux, ce hasard, vous étiez ce bonheur ; rares, rares rencontres où l'on a besoin de tout, de quelque chose d'infini, et où précisément vient à vous quelque chose si chargé de promesses, d'amitié, si pur, si émouvant, si chargé d'harmonie, non point art trompeur, mais musique d'âme qu'il faut à la plus belle des nuits.

Vu le 12 février, 5ᵉ représentation. Salle bondée, assistance froide, applaudissements de pure politesse ; aucun enthousiasme, sauf sur une ou deux tirades.

Venu mal disposé pour Rostand dont je n'ai aimé ni le fracas des premières œuvres, ni la niaiserie sentimentale des *Romanesques* ou de la *Princesse*, ni son lyrisme vraiment trop court, ni la réclame, ni les attitudes, ni le vide d'idées. Dès les premiers moments, et pour la première fois depuis longtemps pour des œuvres contemporaines, impression d'une œuvre qui résiste, d'une grande œuvre, qui vaut, qui résiste, qui exprime un esprit, une époque, qui touche au tuf de quelque chose, une œuvre dont on peut faire état, à partir de quoi on peut réfléchir. Vie merveilleuse de la nature au premier et au deuxième acte, les choses vivant par elles-mêmes, le symbole par là devient immense ; c'est un prodige de réaliser une fable pareille ; scènes simples et larges, grandeur, puissance ; les grands thèmes du lyrisme éternel retrouvés dans leur fraîcheur, reprenant une existence propre dans

le cerveau d'un homme de notre temps. Voilà qui
est magnifique ; poésie, vérité, nature, splendeur
de l'art et des décors, magnificence de composition;
puissante impression.

A partir de là tout est faible et banal ; allégorie
hàtive ; pourquoi la poésie est-elle tarie ? la nature
n'a plus parlé dans l'esprit du poète; rien ne vit;
l'intelligence toute sèche et raide des symboles,
et alors comme ces symboles par soi sont la banalité même s'ils n'ont pas été vécus à nouveau, il
n'y a plus qu'un décor magnifique, trop lourd man-
teau, l'idée d'une poésie merveilleuse : des possibilités au-dessous desquelles la réalisation est petite
chose. Peut-être fait trop vite, peut-être fait sans
amour, peut-être incapable de vibrer quand il ne
s'agit plus de conquêtes bruyantes, mais de mélancolie et de résignation.

Le quatrième acte est manqué; le sujet qui s'imposait, le sujet prévu, annoncé, déclaré, n'est même
pas traité, mais seulement effleuré. Chantecler a
fui dans la forêt immense et splendide ; il regrette
sa vie plus simple d'autrefois, plus bornée, plus
active, premier thème qui est mal et sottement
traité. Il s'endort; c'est le sommeil du héros;
pourquoi Chantecler dort-il à l'aurore? sous quel
mystérieux enchantement, à la suite de quelle
souffrance ? est-ce mélancolie, est-ce lassitude, est-

ce enivrement de la liberté, de la grande nature, des murmures de la forêt? est-ce l'amour où il s'oublie? Pourquoi dort-il le coq gaulois qui vivait dans l'esprit de Rostand ? On ne sait pas, la faisane l'endort. Parmi les grands thèmes que font le sommeil où la lassitude des héros, que n'en a-t-il entendu chanter un dans son âme ? Cela est navrant, car il a manqué une belle chose, une grande œuvre, et c'est une perte dont on pleurerait... Puis la faisane en le voyant dormir aurait le remords ou la joie ou la tristesse, ou la peur qu'ont les femmes quand elles ont endormi les héros. Puis sous un rayon de l'aurore Chantecler se réveille ; il a compris, il se désole, il s'habitue, il renonce au trop vaste monde ; il dit les vers qu'il dit.

Pourquoi ces quatre scènes qui auraient fait un acte sublime, une grande œuvre française, sont-elles remplacées par une fade allégorie ? Cela est triste. Les sources de poésie ont manqué au poète, l'inspiration l'a trahi ; hélas ! pas assez de génie ; l'œuvre est lasse et frappée de stérilité et de mort dès les débuts ; voilà sa sonorité la plus rare, voilà son signe, voilà les temps.

Oui, dès le début, même dans ses splendeurs, on sent le mal dont elle mourra.

Que Gœthe a été un esprit de solitude ; ce que Descartes aussi a été à un degré éminent, avec moins de mérite du reste, peut-être parce qu'il a été moins mêlé au monde. Que c'est là le privilège d'une forte personnalité, mais encore en un sens très spécial, une personnalité qui n'a à aucun moment besoin de se briser et de se soumettre, de se communiquer tout entière, de se donner, de faire vibrer à son unisson les âmes d'autrui. Ainsi capable d'une grande solitude dans son savoir et dans ses émotions, tel fut Gœthe ; ce qui est une chose infiniment rare lorsqu'on vit sur un plan d'éternité. Citer paroles de lui à Eckmann, sur ce qu'il n'a pas besoin de sympathie ; sur ce qu'il lui suffisait de connaître les choses et gens dans leur nature propre.

Tout autre était Nietzsche, qui a vécu dans la solitude infiniment plus que Gœthe, qui pourtant n'était pas un esprit de solitude, qui avait besoin d'amis, de disciples, d'amour, de communication étroite et profonde avec autrui, avec un autrui qu'il n'a jamais rencontré, pas aussi solide, aussi

installé dans son être. De même Pascal, qui a besoin de faire sentir aux autres ce qu'il sent, tel est
le type de ses démonstrations, de sa rhétorique,
de sa vérité nouvelle.

Tout autre fut Gœthe, esprit non tragique,
même en face de l'infini ; très dramatique du reste
en ses tendances, précisément par sa disposition
même à accepter les choses telles quelles. Mérite
éminent si l'on songe que le sentiment de l'éternel
et de l'infini est l'un des plus contagieux, ou plutôt qui souhaite le plus être contagieux (exemple
des couvents) et tel il apparaît d'ordinaire. Mais
point chez Gœthe.

Magnifique aptitude à se passer d'autrui, so-
lidité d'âme, qui s'explique du reste par le fait
que l'émotion n'était pas souveraine chez lui,
mais la connaissance intellectuelle, qui rend beaucoup moins fragile.

Esprit aristocratique en ce sens qu'il sait
toujours se garder, se surveiller, qu'il ne veut
pas se grandir dans les abandons les plus tragiques et les plus pathétiques.

Qu'à cet égard la vérité chez lui est libérée du
sentiment et en un certain sens a une place
plus haut qu'une vérité qui fait appel au cœur.

Idée (Gœthe) qu'il y a des lignes, des préférences, des volontés dans la nature ; que l'homme le mieux doué, le point conscient du monde, peut les apercevoir, les démêler, les exprimer ; conception de l'art ; cette conscience du monde est le plus haut point où il puisse parvenir ; une sorte d'objectivité, de vision d'ensemble, un classement, une ordonnance, un génie de la justice qui veut être la justice du monde.

Que l'art est constitué par une différence profonde entre ce qui est esthétique et ce qui ne l'est pas. Toutes les autres définitions, même celles qui ont le plus de portée, sont fausses ou insuffisantes. Ainsi, celle-ci, que l'art est la nature vue à travers un tempérament, n'est pas fausse ; elle doit même être retenue, car tout ce qu'elle affirme est vrai ; l'art est cela, mais il est aussi autre chose, et plus précis, plus déterminé ; car très souvent, la nature peut être reflétée par un tempérament et n'être pas (proprement) esthétique ; il faut que ce tempérament soit esthétique, au moins que ce reflet soit esthétique.

Même différence qu'entre le profane et le sacré ; ce n'est pas l'existence de Dieu qui définit la religion (ni, ni...), mais deux ordres différents sous lesquels les choses apparaissent.

Il n'y a pas lieu de chercher plus loin ; les choses ne sont pas mieux expliquées parce qu'on les décompose ; c'est une certaine façon d'être aperçues ; quant à distinguer ce qui est esthétique de ce qui ne l'est pas, c'est-à-dire ce qui

constitue ce sentiment esthétique, on le peut assurément dans une grande mesure, mais, comme pour le sacré, qui sent n'a pas besoin d'être
expliqué et qui ne sent pas en aura toujours
besoin.

C'est par exception que les esprits intuitifs de mille sentiments divers conservent en eux-mêmes assez de force pour affirmer, saisir, garder. Mais surtout, il est rare que ceux qui jouent avec leur sensibilité sachent longtemps être sensibles ; leurs émotions, maniées par l'imagination et l'intelligence, se font brèves, presque instantanées ; ces fleurs étrangères n'avaient pas de racines profondes, elles sont rapidement desséchées. Elles se séparent, se détachent ; les sentiments deviennent comme l'image d'eux-mêmes, quelque chose d'intermédiaire entre ce qui est conçu et ce qui est vécu. L'âme qui les renferme ne semble plus qu'un miroir froid et sûr aux milliers de facettes ; ainsi semble avoir été Sainte-Beuve à la fin de sa carrière.

Hamlet : il a plongé dans l'essence des choses un regard décidé ; il a vu et il est dégoûté de l'action parce que son activité ne peut rien changer à l'essence éternelle des choses ; c'est la vraie connaissance, la vision de l'horrible vérité qui anéantit toute impulsion, tout motif d'agir ; aucune consolation ne peut plus prévaloir ; le désir s'élance par dessus tout un monde vers la mort ; l'existence est reniée. En ce péril émouvant de la volonté, l'art s'avance comme un dieu sauveur ; lui seul a pouvoir de transmuer ce dégoût de ce qu'il y a d'horrible et d'absurde dans l'existence, en images idéales à l'aide desquelles la vie est possible.

Je ne puis le nier, je suis plus sensible à la bonne conscience intellectuelle qu'à la bonne conscience morale. C'est pourquoi sans doute je me sens une hostilité si foncière à l'égard de tel politicien aux bonnes intentions, brave homme sans doute et très humanitaire, mais qui a l'air de croire que la logique et la propriété des idées viennent par dessus le marché, que l'éloquence vient d'abord et la propriété des idées par dessus le marché. J'ai mieux aimé des cyniques, ou soi-disant cyniques, chez qui l'intelligence était aiguisée, incapables de pathos, et qui tiennent à ceci tout au moins non d'être bonnes gens, mais de se sentir l'esprit ouvert, délicat, logique, clair, en contact continuel avec « leur » vérité. Etre brave homme, de bonne conscience, dans l'ordre et l'obéissance, c'est encore bien ; mais c'est une haïssable qualité dans l'ordre du commandement ; j'entends, se contenter d'être brave homme. De la mauvaise conscience intellectuelle des artistes. Pourquoi ce continuel appel à un dessein supérieur, à une philosophie qu'ils n'entendent pas ; pourquoi cette tentative de légitimer leur art par

quelque chose de plus haut que lui, alors qu'ils ne
sont que des ouvriers de cet art, par tempérament
et aussi par volonté, par dédain intime de cette
réalité supérieure sauf au moment où eux-mêmes
y font quelque incursion ?

LES ROMANS
ET LA PENSÉE
D'
ÉMILE CLERMONT

(Extraits d'Études parues dans les Revues).

...Un genre devait le tenter : le roman d'analyse. Il y excella tout de suite. Ses deux livres : *Amour promis* et *Laure*, appartiennent à cette forme traditionnelle de notre littérature que les romantiques ont reprise aux classiques, et que nous avons héritée d'eux. C'est le roman sans incidens venus de l'extérieur, sans détails pittoresques et qui datent... La trame de tels récits n'est autre que l'étoffe même de nos sentimens. Le mouvement ne vient que de la progression du travail intérieur... Il va sans dire qu'un tel genre de récits ne s'adresse qu'à une élite. Ceux qui n'ont aucune part à cette vie intérieure n'en peuvent goûter la minutieuse description, Mais il ravit ceux pour qui les choses de l'âme sont la grande affaire.

Une série de chefs-d'œuvre, au début du XIX° siècle, a fixé pour longtemps le caractère du roman d'analyse. Tandis que le XVII° siècle, qui est par excellence le siècle de la littérature psychologique, s'appliquait à connaître les sentimens les plus répandus et à les étudier dans leur plus grande généralité, le XIX° siècle a surtout été attentif aux

cas singuliers, aux déformations exceptionnelles.
Le jeune homme qui nous fait sa confession dans
Amour promis se plaint d'être né avec une « sensibilité trop aiguë ». De là tous ses malheurs, et,
ce qui nous touche davantage, tout le malheur
qu'il répand autour de lui. Il est plein de désirs,
et leur réalisation n'égale jamais ce qu'il s'en était
promis. Car c'est un trait de ces natures malheu-
reuses qu'elles sont organisées pour ne pas jouir
des biens les plus ardemment souhaités et pour
souffrir doublement de maux, même imaginaires.
Incertaines, changeantes, à la merci de chaque impression, et ne se reconnaissant plus d'un jour à
l'autre, ce qui leur manque c'est d'avoir une personnalité assez accusée. Et peut-être est-ce là ce
qui les incline à cette perpétuelle étude d'elles-
mêmes. C'est faute de pouvoir jamais se trouver
qu'elles se cherchent sans cesse. Elles se perdent
dans leurs propres complications qui vont à l'infini. Et l'analyse où elles se complaisent, loin d'être
un remède au mal, va encore l'aggravant...

....

...Dans quelle mesure les romans psycholo-
giques d'Émile Clermont étaient-ils des confes-
sions, c'est une question toujours délicate, question de mesure et de nuances. L'auteur ne se con-
fondait pas avec eux, cela va sans dire, mais il

était avec eux en sympathie. Il s'intéressait à leurs complications et à leurs inquiétudes, parce qu'il en portait en lui le germe. Or voici ce qui est capital. Depuis ce jour d'août 1914 où l'écrivain devenu soldat a rejoint son régiment, à mesure qu'il s'initie davantage à son devoir militaire, une transformation s'opère en lui, dont, en psychologue toujours à l'affût, il note sur lui-même les progrès... Et peu à peu la transformation s'accomplit. Maintenant lorsqu'il regarde en lui, le littérateur n'y retrouve plus le trouble de jadis, les incertitudes et les agitations coutumières : il s'est simplifié, apaisé.

Et voici ce qu'on lit, ici et là, sur son carnet : « Je passe des jours bien plus calmes, tranquilles moralement, paisibles... Le grand calme des nerfs. Apaisement. Au lieu de l'irritation, gêne, malaise, ne savoir que faire, que devenir, être blessé partout, être à bout de temps, et débordé par l'art... J'ai fait réellement de grands progrès dans l'indulgence, l'indifférence, la bienveillance... Cet apaisement, je l'attribue au fait d'avoir été le spectateur des choses les plus tragiques : don, offrande sublime de la tragédie »... Émile Clermont aperçoit maintenant ce qui manquait aux livres écrits avant la guerre, et d'abord aux siens qu'il se prend à juger avec une sévérité d'ailleurs excessive. « *Amour promis*. Il s'y trouve quelque chose de chétif...

Les livres d'avant la guerre, ou n'ayant pas subi
l'influence de la guerre : il y manquera une marque;
il y manquera le sens de ce qui est vraiment important, de ce qui est le vrai tragique, de ce qui
est grave, essentiel »- Combien devront être dif-
férens les livres de demain, ceux dont l'écrivain
rêve dans son abri de tranchées !... Dans ces romans qu'il se proposait d'écrire, Émile Clermont
aurait sans doute apporté les mêmes qualités de
pénétrante analyse qui avaient toujours été les
siennes ; mais il les aurait appliquées à d'autres
sentimens, plus mâles, plus vigoureux, plus
féconds...

René Doumic.
(*Revue des Deux Mondes*).

Emile Clermont ne facilite guère notre tâche.

La plupart des romans n'exigent point une lecture attentive : le lecteur distrait ou paresseux, que nos mœurs multiplient déplorablement, y découvre au premier coup d'œil les raisons de ses préférences ou de ses antipathies — nous savons de reste que préférences, antipathies, romans même n'ont point de conséquence. — Or, je vous défie bien d'exprimer sur *Laure* un avis quelconque si vous n'avez point lu le livre en entier ; Émile Clermont est un auteur indiscret ; il nous somme de ne pénétrer sur son domaine que pour le visiter tout entier ; de rapides incursions ne suffisent point ; vous ne supputerez sa richesse qu'après avoir fait le tour complet de ses moissons et de ses champs, de ses prés, de ses bois, et des clairs paysages où s'attarde son active rêverie.

Je trahirais Émile Clermont si je n'ajoutais incontinent que son indiscrétion a d'autres exigences encore : non seulement ce romancier prétend que nous lisions son roman sous peine de n'en point parler — quel imprudent défi aux critiques pressés ! — il fait en sorte que cette lecture ne soit point un exercice passif, mais à quelques égards, une collaboration. L'oserai-je dire, en effet, Emile Clermont attend de nous un effort. En vérité, oui, un effort. Si vous estimez cette prétention monstrueuse, fermez le livre sans retard... C'est ici, n'est-il pas vrai, que son audace apparaît singulière ; nos romanciers nous ont fait un roman si facile ! les meilleurs s'accommodent de toutes les nonchalances, et flattent nos pires instincts de paresse ; ils enguirlandent et charment notre flânerie désabusée... Celui-ci n'accueille point les flâneurs; non seulement, il ne chasse point du roman la pensée, mais il lui emprunte la substance et la trame même de son récit; ainsi restaure-t-il la dignité du roman, avachi par la description, l'aventure, et cent niaiseries que vous connaissez... mais encore une fois, ce romancier s'affirme extraordinairement exigeant.

Lucien MAURY.
(*Revue Bleue*, 14 juin 1913).

... Paradoxe surprenant en apparence, ce fervent de la vie intérieure exècre tout ce qui est simplement subjectif, il aspire à s'élever au dessus des préférences individuelles, et aussi des vaines constructions qu'édifie stérilement la fantaisie orgueilleuse des solitaires. Mais précisément rien ne saurait mettre mieux en évidence ce qu'il y a de tragique dans l'attitude de Clermont en présence du problème religieux, puisque, aussi bien, *la* religion seule peut apaiser une semblable inquiétude, et que notre réflexion investigatrice paraît condamnée soit à bâtir sans fondations *une* religion factice, soit à s'arrêter impuissante devant le seuil interdit. Ce mot « tragique », ce mot nietzschéen revient d'ailleurs continuellement sous la plume de Clermont. L'idée d'une connaissance tragique, celle aussi peut-être du héros de la connaissance, sont familières à Clermont. S'il dédaigne le naturalisme nietzschéen et aussi tout ce qu'il y a de laborieusement mythique dans *Zarathustra*, en revanche il a lu et médité *Humain, trop Humain* et aussi *Par delà le Bien et le Mal* et sans doute le *Gai*

Savoir. C'est bien là qu'il semble avoir puisé cette idée — le mot convient-il ? — qu'il y a une vie aventureuse de la connaissance et qui comporte des risques infinis. Et entre cette expérience et la notion chrétienne du salut il est bien clair qu'une liaison s'est faite dans son esprit ; il serait excessif de dire que cette relation est d'ordre exclusivement lyrique, mais il paraît difficile d'admettre qu'entre les divers systèmes de valeurs entre lesquels oscillait sa pensée, il ait jamais réussi à instituer des connexions rigoureusement définissables. Le traité de philosophie auquel il travaillait depuis des années quand la guerre éclata, et qu'il comptait d'ailleurs refaire entièrement, pourrait seul nous fixer sur ce point.

« Un livre de doutes, du plus grand doute, écrit-il à propos de ce traité. Tourner autour des questions, regarder dessus, dessous, les déplacer, peut-être les supprimer.

« Quelle tendance ? trouble, nébuleuse, inquiète. Non pas héroïque, mais prudente, indécise entre la sagesse et la conquête, sur le plan et avec la volonté du plus haut savoir. Du dangereux, du capital, du décisif. »

Ces lignes où passe un étrange frémissement, bien d'autres encore que cite Mlle Clermont, permettent d'entrevoir au moins confusément l'orien-

tation de cette pensée, qui, de par son essence
même, ne devait jamais pouvoir se déployer en
système. Sans doute s'agissait-il avant tout de tenter la réhabilitation de l'intelligence, de la *critique* dans le domaine que certains prétendent
réserver à une intuition dont ils n'ont point pris
garde de déterminer les limites. « Péril des esprits
intuitifs, écrit-il, mollesse, désabusement, ne plus
rien éprouver qui ait du prix. L'intuition ne fait
pas la générosité d'âme, ni même une sensibilité
féconde, très souvent les mille facettes aiguës em-
pêchent un beau reflet large, l'ampleur ». —
« Qu'il subsiste un usage de la raison ou du moins
que le mot raison a un sens, et désigne un ensemble de manières d'être qui l'emporte comme valeur
et comme connaissance sur ce que désigne le terme
intuition. » Sur la portée exacte de cette entreprise,
il faut bien reconnaître que le livre de Mlle Clermont ne nous permet de former que les plus
vagues conjectures...
Mais çà et là jaillit une phrase qui va loin, une
phrase d'une beauté intacte et singulière qui illu-
mine de vastes espaces. « Du petit mysticisme.
Une certaine fadeur mystique, un certain fondu
des sentiments à leur limite extrême, un flou, une
demi-aurore mystérieuse, une facile détente des
idées passant de leur forme arrêtée et dure à un

certain vague en apparence plus compréhensif.
Tout cela fort répandu actuellement, pour beaucoup d'esprits le signe même de la hauteur de pensées et de sentiments, cependant chétif, médiocre,
à peine un résidu laïque des fortes déterminations
religieuses. » C'est bien là toujours cette même volonté de rigueur et de discrimination qui marque
la pensée de Clermont du signe de l'actualité.
Quelque brumeuses que puissent être souvent les
perspectives devant lesquelles s'attarde sa rêverie,
il est au-delà des oppositions périmées qui ali-
mentent encore les disputes d'école. Et celà seul
est déjà important, même s'il s'en tient au fond à
une affirmation générale dont le contenu ne par-
vient pas encore à se spécifier. A travers toute
l'œuvre de Clermont court le pressentiment d'un
ordre spirituel où la pensée même sera jouissance
substantielle, vision, possession du concret dans sa
plénitude ; et c'est ce pressentiment qui confère à
tout ce qu'il a écrit une marque essentiellement
métaphysique... Berkeley, Bergson, de tous les
philosophes les moins systématiques, les plus
anxieusement penchés sur le mystère de la vie intérieure : tels furent ses maîtres; à ces deux noms
on serait tenté d'ajouter celui de Biran, mais Clermont ne semble pas avoir bien connu l'auteur du
Journal intime.

...« Je me reproche d'avoir ignoré que la forme
la plus haute et la plus libre du renoncement n'est
pas celle qui naît du malheur, et qu'en se réfugiant
ainsi dans un ciel mystique souvent on vit au lieu
d'une histoire divine une histoire, hélas! trop humaine. » En cette dernière phrase me semble se
condenser l'enseignement qui se dégage de *Laure*
et peut-être de toute l'œuvre de Clermont. Qu'il
y ait pour l'âme une façon imprudente, une façon
périlleuse d'entrer en communication avec l'infini,
qu'il y ait en somme des tentations spirituelles,
voilà bien ce que Clermont n'a cessé de reconnaître
avec une netteté grandissante. Seulement on se
tromperait en interprétant cette découverte pro-
gressive comme la pure et simple élimination du
« mal romantique » par un esprit en croissance ;
nous ne sommes pas en présence de la réédition
d'une histoire connue, et une crise semblable ne
saurait se résoudre par l'acceptation résignée ou
cynique du « purement humain », mais au contraire
par une « conversion absolue » de l'âme trouvant
dans la charité l'expression la plus adéquate de l'infini. Il faut voir dans la hantise de la sainteté qui,
de plus en plus, le posséda, non point un legs héréditaire de ses aïeux catholiques, une survivance,
mais le couronnement de toute une graduelle évo-

lution d'âme ; les admirables lettres de guerre dont Mlle Clermont cite des fragments trop rares à mon gré, donnent à penser que, dans la nuit des tranchées, il vit luire l'aube espérée. Comme le chant de promesse qui triomphe des fracas guerriers de la *Messe en ré*, on dirait que du fond de la plus grande misère et du cœur même du péril monte pour lui la mélodie pacificatrice. La mort continuellement coudoyée n'éveille plus en lui l'angoisse métaphysique de jadis, elle n'émeut plus, en cette grande âme qui s'apaise, le flux et le reflux des méditations sans terme. « A côté de ce que j'étais l'an dernier, nerveux, tendu, blessé, irrité par toutes choses, venu à l'extrémité, ne pouvant plus vivre ; et maintenant si corrigé, guéri, un grand calme revenu. — Cette grande atmosphère de tragédie ; peut-être cela. » On dirait que son être même — non point sa pensée questionneuse qui s'est tue — est parvenu à l'état de certitude, sans que rien d'ailleurs, je le répète, nous autorise à affirmer qu'il fût à la veille d'adhérer explicitement au catholicisme. Ce qui ressort des lettres avec une évidence absolue, c'est que ce grand solitaire arraché par la nécessité à ses rêves douloureux, trouva dans le contact des hommes, dans le commerce des humbles, de quoi se réconcilier peu à peu avec les rigueurs mystérieuses de la fortune.

Et quelque déchirant regret que nous éprouvions
devant cette disparition, comment n'admirerions-
nous pas que cette âme ait été cueillie au plus
haut de sa ferveur, alors que, lasse de ses tragiques
enquêtes, déprise enfin d'elle-même et de son inquiétude, elle s'abandonnait avec une candeur
vaillante au courant irrésistible de son destin ?

G. MARCEL.
(*La Nouvelle Revue Française*, 1ᵉʳ sept. 1919).

...« Vivre sur les hauteurs, dans une atmosphère haute, sèche, intellectuelle, où la pensée vibre frémit, s'agite : voilà ce que je voudrais ».

Mais avant de s'élever jusque là, l'art d'Émile Clermont veut d'abord être probe. En tête d'une note destinée à son ouvrage de philosophie, sous ce titre « Vertus intellectuelles », il écrit : « La probité les contient toutes et n'est pas purement formelle ». Et il indique, ensuite, les premiers caractères de cette probité : « Ne pas ajouter aux choses par l'expression, ne pas chercher à éblouir, traiter sa pensée comme une réalité objective qu'il faut simplement faire apparaître ». Mais aussi, et préalablement, ne faut-il pas appliquer exactement sa pensée sur les choses? « Cette adaptation profonde de la pensée au réel et ensuite de la forme à la pensée, c'est l'art des maîtres. »

Il y a une probité plus haute que la soumission de l'artiste à l'objet : la sincérité avec soi-même...

...Une dernière condition est à remplir par l'écrivain soucieux de bonne conscience. Il ne suffit point d'exprimer fidèlement ses propres idées;

il s'agit de faire un choix parmi ces idées mêmes.
« Ce qu'un esprit véritablement bien fait veut savoir, ce n'est pas n'importe quoi ; c'est ce qu'il y a
de plus capital. Il y a des savoirs médiocres, indif-
férents, et des savoirs essentiels. »...

...« Il confesse avoir cédé lui-même dans *Amour
promis* à ce désir d'analyse intime. Il n'aime plus
aujourd'hui « ces bribes de vérité délicate, frêle,
ces petits détours du cœur, généralement mes-
quins, calculs de l'égoïsme, petites lâchetés, petites
sécheresses, petites misères... On excelle en France
à exprimer avec une vérité et une sûreté déconcer-
tantes les mesquineries du cœur comme si elles
étaient la dernière et suprême vérité. »

Plus utile serait une « psychologie des états supérieurs. » « Combien de fois chez les saints du
moyen âge on voit le monde et le ciel entrer en
lutte. Il faut admettre qu'il y a une nature humaine et que cette nature humaine se révèle avec
quelques-unes de ses déterminations principales
chez les individus les plus doués en profondeur. »

Mais, « on ne peut se contenter, quand on raconte
les saints, les philosophes, les artistes.., de leurs
habitudes, leurs caractères ; ce n'est pas là qu'est la
psychologie instructive ; elle est dans la façon dont
leur esprit s'est rencontré avec le beau, le bien, le
vrai, la divinité. »

Comme l'objet de l'art, c'est la sensation d'art qu'il entend élever. Il s'accorde avec d'autres à trouver vulgaire la notion que nous acceptons aujourd'hui de l'art. « Elle se traduit communément par l'idée que la plus grande beauté sera celle qui vous arrachera à vous-même, produira l'enthousiasme où l'on oublie, peut-être le délire... C'est une idée-peuple, populaire en tout cas, convenant à l'art wagnérien, mais ne convenant pas du tout à l'art grec. Ce que nous demandons aujourd'hui à l'art, c'est ce que les Grecs demandaient à toute autre chose, quelquefois au vin, le plus souvent à la célébration de leurs mystères... Mais l'art des Grecs parlait de raison, de clarté ; quand il atteignait la perfection, il n'avait pas pour effet de bouleverser l'âme, mais de la purifier ; « l'art purifie les passions », selon l'expression célèbre et généralement mal interprétée d'Aristote. »

La différence des résultats qu'atteignent l'art antique et le nôtre ne vient-elle pas d'une différence antérieure, d'une diversité dans leurs objets mêmes ? Clermont, croyons-nous, l'admet. « Les chefs-d'œuvre de l'art grec, de la sculpture grecque ne donnent pas l'impression de l'inaccessible, du par-delà, que donnent les grandes œuvres de notre temps. »

Dès lors, n'a-t-il pas aperçu de contradiction

entre l'idée grecque de l'art et la sienne que nous avons dite plus haut ? Il nous semble que si et qu'il tente de la résoudre dans les lignes suivantes : « L'art tel que je le pratiquerai a des rapports avec la métaphysique. Toute création esthétique me paraît comme se détachant sur un infini... L'émotion et la réalité se trouvent pour ainsi dire de l'autre côté de l'art ; l'art revient devant la scène comme une image et un symbole des immensités qui sont plus loin ; c'est un commencement. L'art au bord de l'infini. » « L'art exprime un arrêt devant l'infini », affirme-t-il encore à cette époque. N'est-ce point renier son propre pressentiment d'un art supérieur, se renoncer soi-même que de se prescrire cette borne?...

...Heureusement, Clermont sut vaincre cet effroi puéril de l'infini. Dégagée des chimères wagnériennes, sa notion de l'infini prit une transcendance à laquelle peut se hausser l'art classique, et celui-ci ne lui sembla plus cet « arrêt devant l'infini » dont la prévision lui avait paru si cruelle, mais une recherche de l'infini, recherche sage et contenue où les aspirations de l'imagination et de la sensibilité se laissent guider par la raison...

...Rien d'étonnant qu'avec de tels élans, Clermont entrevît l'élargissement que la foi accorde à l'art... »

... L'art, si noble qu'on le veuille, est inférieur
à la morale. Clermont proclame son « aversion
pour les doctrines qui considèrent la morale comme
un art ». Il leur découvre « quelque chose de médiocre, d'égoïste, de limité. »

Ce n'est pas le beau qui est l'objet de la morale,
c'est le bien. Quel principe de désordre de substituer l'un à l'autre ! Le désordre ne règne-t-il pas
aujourd'hui en morale autant et plus peut-être —
plus pernicieusement en tout cas — que dans les
autres domaines spirituels ?...

La cause de toute notre perturbation morale,
Clermont la dévoile dans la conception nouvelle
de la conscience que notre époque doit à Rousseau. Nul n'avait douté avant lui que la conscience
ne pût se former et aussi se déformer par l'éducation, les lectures, etc. « De là à la notion d'une faculté particulière de discerner le bien et le mal,
presque et mystérieusement infaillible, d'une parcelle de connaissance divine accordée à l'homme...
se suffisant à elle-même, à la fois règle, récom-
pense, châtiment ; (à) cette laïcisation de la conscience pour en faire quelque chose de quasi divin,
d'adorable : « O conscience, voix sublime !... » qui
pourrait prononcer contre Dieu même... quel
abîme ! »

...« D'ordinaire, un honnête bourgeois compren-

dra ce que sa fille ou son jeune fils peuvent lire ;
sur le même sujet, un philosophe est inquiétant,
un esthète n'en a plus l'idée. »

Rousseau détacha le sens moral de la raison
pour l'accorder au sentiment. Kant sépara, du
moins, ces deux domaines de la raison : le spéculatif et le pratique. Tous les deux rendirent la morale étrangère à la métaphysique. Cependant, « si
l'on considère la culture supérieure, il semble que
le sens de la destinée, de la valeur du monde et de
sa fin ne peut être mis de côté. »...

....

... Non seulement la haute compréhension de
l'art et de la morale préparait Clermont à la foi,
mais aussi ses exacts pressentiments de la doctrine
catholique.

Il y remarque une double tendance à l'égard de
la raison. Dans la tradition chrétienne, deux cou-
rants : accord de la religion et de la raison humaine :
c'est la volonté la plus répandue. En face, l'enseignement plus dur de Pascal : opposition de la raison
et de la foi. D'où ces contradictions ? D'abord, et
dans leur forme pure et lointaine, d'une idée différente de la raison. Ce qui est au fond de la seconde
tradition, c'est la notion d'un usage avant tout
métaphysique de la raison ; la raison donnant
véritablement la connaissance. Or les vérités de la

foi ne lui sont pas accessibles : donc, écrasement,
destitution de la raison par la foi.

« La première conception a une notion moins
absolue de la raison ; c'est un instrument exact
pour connaître l'univers, pour un usage pratique,
humain du monde. Elle est juste dans l'univers
donné, elle s'y applique, s'y reconnaît, s'y retrouve ;
et, capable de vérifier l'ordre et la raison du
monde, elle est ainsi menée jusqu'à l'idée de la
raison souveraine de Dieu. Mais une fois là, elle
n'a plus de contrôle sur ce qui dépend de Dieu.
Donc un usage humain et pas d'usage divin.

« La contradiction entre les deux doctrines est
moins profonde que d'apparence. Dans la doctrine
de Pascal, la raison a au moins ce pouvoir de
connaître sa faiblesse. »

Clermont ne désigne pas l'opinion qu'il choisit,
mais il note que « pour parler des rapports de la
raison et de la foi, il faudrait d'abord définir la
raison ». Et il en esquisse sa propre conception :
« Ce que nous appelons raison est une façon de
connaître très générale et modifiable, qui implique
une vérification continuelle par l'intelligence et par
le sentiment. »

Puis il relève, avec beaucoup d'apologistes,
après saint Augustin par exemple, que les faits
naturels mettent eux-mêmes à l'épreuve la raison

et que la nature est mystérieuse : « Tout étonne,
tout est absurde ; la foi n'est pas plus absurde
qu'autre chose ; le miracle ne l'est pas plus. Un
poussin qui sort d'un œuf, c'est un événement
aussi incompréhensible que la résurrection de
Lazare. Seulement, l'un des phénomènes est
conforme aux habitudes, l'autre est contraire à
toutes les habitudes de la nature. » « On croit
comprendre ce qui est aussi surprenant, alors que,
en réalité, on ne comprend ni l'un ni l'autre. »

Bien plus la raison a pour résultat de faire apercevoir le mystère plutôt que de le dissiper. « Quel
est le phénomène électrique compréhensible ? et,
pourtant, il faut être un philosophe ou un savant
pour savoir précisément que l'esprit s'arrête sans
comprendre devant quelque application de l'élec-
tricité. Et finalement quelle est la liaison causale
compréhensible ? Comprendre, c'est être habitué
lorsqu'il s'agit des phénomènes de la nature. »

Cette humilité de la raison, Clermont la dévoile
dans l'ordre subjectif comme dans l'objectif.
« La vérité actuellement n'a pas le droit de
tomber de très haut ; ce qu'on lui demande en premier lieu c'est de répondre aux aspirations de
tous... La religion même se fait insinuante, se plie,
fait appel au sens intime de chacun... Une vérité
d'autre nature que les penchants de l'àme sensible,

voilà ce dont nous sommes le plus éloignés. »

Nous constatons ici une nouvelle forme de cet amour de l'émotion que nous avons observé en littérature et en philosophie. Tous n'y succombent point cependant. Il y a des catholiques qui tiennent pour accessoire l'assentiment...

... Clermont est de ceux-là. Voyez ce qu'il se proposait en se promettant d'écrire sur Luther : « Laisser l'impression que Luther a rabaissé, vulgarisé le divin... L'idée d'un choix libre entre diverses religions et diverses façons d'adorer Dieu est ce qu'il y a de plus contraire au sentiment religieux d'adoration. »

....

...Il professe un grand mépris pour les chercheurs de religion. Que veulent-ils !... Une religion nouvelle..., à leur goût... qui ait juste la dose de sentimentalité mystique qui leur convient et la dose de raison qu'eux-mêmes croient avoir... Vouloir que les choses essentielles, vraies, absolues, soient à leur mesure... Tout cela dégoûte. »

Avec les sentiments personnels c'est aussi le sens propre qu'il réprouve : « Ceci avant tout me déplaît dans le protestantisme qu'il est un effort rationnel dans une direction fausse. Peu s'en faut qu'il ne fasse le gros bon sens individuel juge de la religion ; à côté de cela et peut-être comme con-

séquence, la notion d'un usage purement moral
de la religion. Le sentiment des distinctions dans
tous ses usages a manqué au protestantisme. Aucun sens des différents emplois de la raison, des
différentes valeurs même des raisons individuelles.
Comme conséquence, point de tradition, point de
bénéfice du passé, point d'agrandissement par
l'histoire, à peine s'il reste quelque chose des plus
sublimes contacts. »

On pressent, après ces lignes, ce qu'eût pensé
Clermont de telles tentatives modernes d'adaptation du catholicisme au siècle : « Quant aux efforts
catholiques qui consistent actuellement à faire une
place dans le dogme à l'usage moderne de la raison, à protestantiser le catholicisme, à adoucir, à
voiler, à diminuer, c'est revenir à une vieille
erreur, et pour mon compte si j'étais catholique,
je serais anti-moderniste décidé. Ce n'est point là
que l'accord doit se faire entre la foi et la raison. »

...« L'Église a été admirable en tout temps
dans l'art de graduer la spiritualité, de distribuer
à chacun ce qui lui convenait, suivant son rang, sa
tâche. Elle ne pouvait cependant aller jusqu'à
réserver l'Évangile. »

Et ce n'est point là le seul bienfait de l'Église :
« La religion catholique a ce mérite de maintenir
l'idée que la vérité dernière est d'autre nature

qu'humaine. Telle est le sens, telle est la grandeur,
telle est la force de la tradition.

« Elle a travaillé à maintenir encore en quelques
esprits... cette opinion que les vérités supérieures
et métaphysiques ne sont pas à la merci des inspirations individuelles..., que la nature, les caractères et la valeur de ce qui est sacré ne sont pas
relatifs au savoir intellectuel »...

...Et il se peut qu'un tel rigorisme objectiviste
soit coupable en partie du peu de sympathie qu'il
avoue « pour les catholiques en général ». « Il faut
ne jamais oublier que les arguments que l'on
décoche contre la plèbe catholique ne valent rien
contre saint Ignace, Pascal ou Bossuet... Ne valent
rien contre la doctrine. »

Il est permis, croyons-nous, de trouver quelques
excès en toute cette intolérance...

...Nous pensons que Clermont, converti, eût
adouci son extrême aversion du moi et qu'il fût
revenu peu à peu de sa mésestime pour l'ensemble
des catholiques, comme il apprit, durant la guerre,
à aimer le peuple que d'abord il avait craint.

Et son involontaire sévérité ne nous empêchera
pas de reconnaître les magnifiques dons qui le
prédisposaient à croire et, nous l'espérons, lui en
obtinrent la grâce, à l'instant de sa mort héroïque.
Nous avons senti, plus d'une fois, à découvrir

« ses richesses » intérieures, « des éblouissements
pareils à ceux » que nous éprouvâmes, « parmi les
pensées de quelques autres. » Mais notre tâche ne
fut point de le louer ; elle fut de l'utiliser, comme
eût dit Brunetière, communiquant à plusieurs ses
justes pressentiments de l'art, de la morale et de
la doctrine catholiques...

Paul BONTÉ,
Les prédispositions catholiques d'Émile Clermont.
Revue des Jeunes, 25 octobre 1919.

Ni la foi catholique, ni sa négation, ni une croyance individuelle et libre, ni une religiosité mal définie ne peuvent le satisfaire. Mais comment échapper à la hantise de l'infini? Le bon oreiller qu'est la consigne positiviste n'est pas fait pour lui : il ébauche une philosophie à laquelle il n'arrive pas à donner les contours nets qu'il aime. Profondément incertain et troublé, il vit, comme le dit Mlle Louise Clermont, « dans un état de mobilité incessante et n'ose faire fonds sur ses propres sentiments ». En 1912, il écrivait : « A vingt-six ou vingt-sept ans, j'ai perçu avec une grande force la valeur intime du christianisme et j'en ai été touché ; mais de là à croire, il y avait un abîme que je n'ai jamais essayé de franchir ».

Peut-être l'eût-il franchi plus tard, comme le pense sa sœur, fervente catholique, si la courbe de son évolution spirituelle n'avait été brusquement brisée. Tout nous porte à le croire.

Paul SEIPPEL.
(*Journal de Genève*).

ŒUVRES

d'

ÉMILE CLERMONT

ROME ET NAPOLEON III (En collaboration avec *Émile Bourgeois*). Armand Colin, 1907.

AMOUR PROMIS, roman. Calmann Lévy, 1909. — Editions Nelson, 1925.

LAURE, roman. Bernard Grasset, 1913. — A été publié dans la *Revue des Deux Mondes*, nᵒˢ des 1ᵉʳ et 15 mars, 1ᵉʳ et 15 avril, 1ᵉʳ mai 1913.

UN JOLI CONTE, dans la *Poupée modèle*, de juin à octobre 1912.

Publications posthumes :

HISTOIRE D'ISABELLE. Bernard Grasset, 1917. — Réédité dans la collection « Maîtres et Jeunes d'aujourd'hui », Crès, 1924.
La première partie a été publiée dans la *Revue de Paris*, sous le titre : *Récit d'Isabelle*, nᵒˢ des 1ᵉʳ et

15 juin 1912. La deuxième partie sous le titre : *Un petit monde*, dans la *Revue de Paris*, n⁰ˢ des 15 avril et 1ᵉʳ mai 1914.

LE PASSAGE DE L'AISNE, Préface de Daniel Halévy : « Les Cahiers verts », n° 5 (Bernard Grasset, 1921).

VOYAGE EN ALLEMAGNE. — Notes de voyage, publiés par René Gillouin, dans les « Ecrits Nouveaux », Paris, janvier-février 1920.

PRINCIPAUX ARTICLES
CONSACRÉS A L'ŒUVRE
ET A LA VIE D'
ÉMILE CLERMONT

A propos de la publication d'AMOUR PROMIS :

Marcel Ballot, *Le Figaro*, Paris, 14 mars 1910.
Francis de Miomandre, *L'Art Moderne*, Bruxelles, 8 mai 1910.
Lucien Maury, *La Revue Bleue*, Paris, 2 avril 1910.
Emile Faguet (*Un chef-d'œuvre*), *La Revue*, Paris, 1er janvier 1911.

A propos de la publication de LAURE, et du grand prix de littérature de l'Académie française :

Jean de Pierrefeu, *L'Opinion*, Paris, 31 mai 1913.
Paul Souday, *Le Temps*, Paris, 4 juin 1913.
Lucien Maury, *La Revue Bleue*, Paris, 14 juin 1913.
X... *Le Cri de Paris*, Paris, 15 juin 1913.
Paul Seippel, *Le Journal de Genève*, 15 juin 1913.
R. de Nolva, *L'Italie*, 16 juin 1913.

Paul ANDRÉ, *La Belgique artistique et littéraire*, 15 juin 1913.

Henri CLOUARD, *La Revue critique des Idées et des Livres*, 25 juin 1913.

Ch. H., *Chronique des Tribunaux*, Liège, 29 juin 1913.

Henri CLOUARD, *Le Temps Présent*, Paris, 2 juillet 1913.

Eugène GILBERT, *Le Journal de Bruxelles*, juillet 1913,

X..., *The English woman*, août 1913.

X..., *The Saturday Review*, 9 août 1913.

XXX. *La Tribune*, St-Etienne, 26 août 1913.

Articles nécrologiques :

Maurice BARRÈS, *L'Echo de Paris*, 15 mars 1916.

Emile FAGUET, *Le Gaulois*, 24 mars 1916.

Henri DE RÉGNIER, *Excelsior*, 24 mars 1916.

Maurice BARRÈS, *L'Echo de Paris*, 3 avril 1916.

Henri DE RÉGNIER, *Le Mercure de France*, 16 avril 1916.

Etienne REY, *Bulletin des Ecrivains*, avril 1916.

René DOUMIC, *Revue des Deux Mondes*, 1ᵉʳ mai 1916.

René GILLOUIN, *Revue de Paris*, 1ᵉʳ juin 1916.

Etienne REY, *Le Divan*, juillet 1916.

José DEBIEUVRE, *Les Veillées des Chaumières*, 20 décembre 1916.

Paul Souday, *Le Temps* (*Histoire d'Isabelle*),
11 août 1917.

Études et articles biographiques :

Louise Clermont, *Émile Clermont, sa vie, son
œuvre*, avec une préface de Maurice Barrès. Bernard
Grasset, Paris, 1919.
Armand Dayot, *Le Gaulois*, Paris, 1919.
Paul Souday, *Le Temps*, Paris, 29 mai 1919.
Paul Seippel, *Messidor*, Paris, 5 mai 1920.
Joseph Huby, *Les Etudes*, Paris, 5 juin 1919.
J. Letacourroux, *Le Crapouillot*, Paris, 16 juin
1919.
Albert Guittard, *Le Télégramme*, Toulouse, 23 juin
1919.
Auguste Prénat, *Le Mémorial de la Loire*, Saint-
Étienne, 4 juillet 1919.
Gabriel Marcel, *Nouvelle Revue française*, Paris,
1er septembre 1919.
Raymond de Nys, *Le Siècle*, 4 juin 1919.
Louis Aranjo Costa. *Poca* (Madrid), 12 juin 1919.
Marie Dutoit, *La Semaine littéraire* (Genève),
9 août 1919.
Paul Bonté, *La Revue des Jeunes,* 25 octobre 1919.
Jean Balde, *La Démocratie*, 28 décembre 1919.
C. A..., *Polyblion*, juin 1920.
Jean d'Elbee, *La Revue hebdomadaire*, 13 mars 1920
(sur le *Voyage en Allemagne*).

Charles Fontaine, Les *Cahiers catholiques*, 25 février 1921.

J. Gahier, *La République de l'Isère*, 6 août 1919.

Robert Tournaud, à paraître, aux Editions de la *Revue du Centre*

TABLE DES MATIÈRES

CE LIVRE DÉDIÉ A LA MÉMOIRE D'ÉMILE CLERMONT
PAR SES AMIS, PAR « LES AMITIÉS », PAR SON ÉDI-
TEUR BERNARD GRASSET, A ÉTÉ IMPRIMÉ SUR
LES PRESSES DE « LA HAUTE-LOIRE », AU PUY. — LA
COUVERTURE A ÉTÉ COMPOSÉE, ET LES DESSINS
EXÉCUTÉS PAR LA MAISON WATON A ST-ETIENNE.
— LE VOLUME A ÉTÉ ACHEVÉ D'IMPRIMER
LE TRENTE SEPTEMBRE MIL NEUF CENT VINGT SEPT.